SUR L'ÉTAT

DE LA SOCIÉTÉ

AU Ier JANVIER 1834.

SUR L'ÉTAT

DE LA SOCIÉTÉ

AU Iᵉʳ JANVIER 1834.

PAR M. LE Cte DU HAMEL.

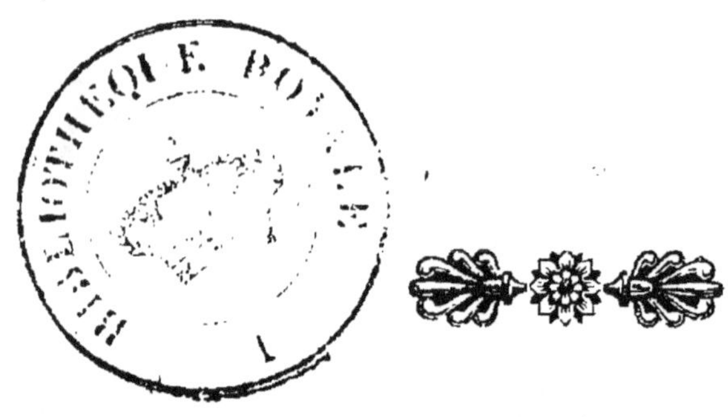

Paris.

CHEZ G.-A. DENTU, IMPRIMEUR-LIBRAIRE,
rue d'Erfurth, n° 1 *bis;*

ET PALAIS-ROYAL, GALERIE VITRÉE, n° 13.

M D CCC XXXIV.

Dans une monarchie héréditaire, l'hérédité d'une classe * est indispensable. Il est impossible de concevoir comment, dans un pays ou toutes distinctions de naissance seraient rejetées, on consacrerait ce privilége pour la plus importante (la royauté). Pour que le gouvernement d'un seul subsiste sans classe héréditaire, il faut que ce soit un pur despotisme. Les élémens du gouvernement d'un seul, sans classe héréditaire, sont un homme qui commande, des soldats qui exécutent et un peuple qui obéit. Pour donner d'autres appuis à la monarchie, il faut un corps intermédiaire.

(BENJAMIN-CONSTANT, *Principes de politique.*)

* Par classe héréditaire, Benjamin-Constant n'entendait pas une Chambre des pairs *héréditaire*, hérédité destructive de l'hérédité d'une noblesse. Une Chambre des pairs, si tant il y a qu'il en faille une, n'est qu'un des *pouvoirs* de la trinité constitutionnelle, et n'est point une classe de la nation. Deux, trois, quatre cent familles exclusivement privilégiées dans une nation de trente-deux millions d'habitans, seraient beaucoup trop ou beaucoup trop peu. (*Note de l'auteur.*)

AVANT-PROPOS.

Chaque Français a le droit d'émettre aujourd'hui son opinion politique; plusieurs en ont le devoir. Fonctionnaire public pendant plus de vingt ans, je crois être dans la seconde de ces positions : à qui m'adresserai-je? Ai-je l'espoir de convertir des opinions contraires à la mienne? Le sage Indien prétend *qu'on voit plutôt les montagnes changer de place que les personnes changer d'opinion;* je le crois : c'est donc pour ne point participer par mon silence à celles qui règnent aujourd'hui sur ma patrie, plutôt que dans l'espoir de faire adopter les miennes, que je me décide à livrer au public quelques idées sur la position des hommes et des choses en France.

La religion, le parti légitimiste, l'aristocratie, sont maintenant, comme à toutes nos plus fatales époques, les objets permanens d'insulte, de calomnies; quoique bien ressassées depuis quarante-cinq ans, elles font toujours effet parce qu'elles flattent les passions et l'orgueil, et qu'à tort on *dédaigne* d'y répondre.

A de si violentes attaques je veux opposer quelques phrases de défense.

Quand un parti ou un individu garde le silence sur des calomnies qui lui sont adressées, il semble qu'il les avoue véritables.

Un de mes amis et ancien collègue à la Chambre des députés, le comte de *Sallaberry,* criait *qui vive?* à la révolution qui se présentait de nouveau menaçante; personne n'est accouru à ce cri d'alarme, et la révolution s'est avancée; elle s'est emparée de nos signaux, de nos couleurs; elle a prêté nos sermens, elle s'est faite légitimiste, religieuse. Elle se présentait sacrilége à la sainte table, elle portait avec recueillement les glands de nos dais dans nos pompes saintes, elle se pressait autour de nos Princes comme la noblesse française autour d'Henri IV, et cependant, excepté les Tuileries et Saint-Cloud, personne ne prenait le change sur ses intentions et sa bonne foi. Une faible peau d'agneau couvrirait difficilement les défenses du sanglier ou la dent cruelle du loup; il fallait être aveugle pour ne pas deviner les hommes et apercevoir le danger : on voulut l’être. Armé de tous les moyens de salut, on se suicida ; malgré les exemples si récens de la première révolution, on commit les mêmes fautes, et l’expérience si cruelle du passé fut absolument écartée. Peut-on s’étonner de la catastrophe de 1830!... Le seul étonnement possible permis, est le retard de cette catastrophe. L’imprudent qui promènerait quinze ans une torche enflammée sur un baril de poudre ne doit-il point s’attendre à chaque instant à périr dans l’explosion ?

Elle a eu lieu cette explosion prédite, annoncée ; et malgré l’inconcevable incurie du pouvoir, malgré le défaut de précautions préventives, l’histoire, quand elle recueillera des faits positifs qui éclaireront cette grande catastrophe, consignera dans ses fastes combien il était facile de soutenir ce trône qui s’est écroulé avec tant d’éclat et de promptitude. Je ne redirai pas ici tout ce qui est rapporté dans les écrits qui ont paru relatifs à la révolution de 1830 ; je raconterai seulement un fait qui m’a été certifié devant témoins par un ancien ministre, maintenant pair sous le roi Philippe.

Un des principaux chefs de l’insurrection, dont la révolution a déjà dévoré une grande partie de l’immense fortune amassée durant cette même restauration dont il était un des plus fougueux ennemis, ce chef, dis-je, lui assura, en 1831, que si les troupes royales avaient pu braver encore un troisième jour, la faim, la soif, un soleil de 30 degrés et le manque de munitions, les insurgés se retiraient chez eux, leurs chefs en venaient faire la déclaration à l’Hôtel-de-Ville, le 29 juillet.

Un seul jour!... et de lâches et perfides conseils ont déterminé une retraite au lieu d’une conduite à la Henri IV! On sut persuader à Rambouillet que quatre-vingt mille hommes venaient attaquer en *omnibus* et en *fiacres* quinze mille hommes de troupes d’élite et trente-deux pièces de canon!

Ah! quand saura-t-on après les exemples du 20 juin et 10 août 92, et juillet 1830, que le pouvoir qui brave le danger en est rarement la victime, et que la retraite est plus périlleuse que le combat!

Souvenir douloureux! récrimination pénible et qui serait inutile si l’expérience pour l’avenir ne se composait pas de souvenirs et de récriminations!

Où en sommes-nous aujourd'hui? quel spectacle nous présente notre patrie? Incertitude d'avenir, fatigue du présent, inquiétude générale, malaise dans toutes les positions sociales, crainte et défiance les uns des autres, amour de soi seul, gouffre profond où sont entassés les états, les professions, les souvenirs historiques, les fastes de notre patrie; en un mot, et selon l'expression de l'un des hommes de juillet, le général L....., gâchis général et cacophonie universelle. Cette position extraordinaire et déplorable de la patrie, est trop forcée et ne peut durer; mais désigner le terme et le moyen d'y parvenir, est-ce possible? je ne le crois pas... Le vétéran de la diplomatie a parlé du hasard, moi, je nomme la nécessité; attendons en les adorant les décrets de la Providence.

Toutefois, pour une aussi grande maladie politique, il ne manque pas de médecins; chacun vante sa recette, est c'est ici que vont s'expliquer en peu de mots les motifs qui me font prendre la plume.

Les théories présentées par nos ennemis m'importent peu, je les rejette en masse, certain que je suis qu'il n'y a point de demi jour en politique, et que tout ce qui n'est pas vive lumière, est obscurité profonde. L'erreur et le mensonge passent, se détruisent d'eux-mêmes et ne peuvent avoir de durée; mais les fausses théories de mes amis sont bien autrement fatales et dangereuses que les systèmes de nos ennemis; elles égarent et divisent les fidèles : ce sont celles-là que je veux combattre principalement.

En un mot, les libéraux *blancs* me paraissent bien plus dangereux que les libéraux *rouges*, ceux qui prétendent faire de la monarchie et de la religion avec des idées révolutionnaires et de l'incrédulité.

Publier qu'il faut faire la part à l'esprit faux et à l'esprit du siècle, prêcher qu'il faut arriver au but par des voies détournées, que leur morale en politique et en religion effaroucherait les Français d'aujourd'hui, si nous les inscrivions déployées sur nos bannières légitimistes et religieuses! Quelle coupable erreur! si ce n'est faiblesse coupable!... Innocemment sans doute, mais virtuellement ces organes de la légitimité se montrent ainsi faibles et de mauvaise foi.

Je suis forcé de l'avouer, nos ennemis ont sur nous l'avantage d'une parfaite franchise ; ils veulent la fin, ils indiquent les moyens, ils veulent la république universelle. Ecoutez les journaux révolutionnaires, c'est la mort des rois qu'ils prêchent. Ce jour qui fit à la fin cailler le sang humain autour des échafauds de *Robespierre*, qui laissa couler librement les fleuves de France sans nouveaux encombremens de cadavres, le 9 thermidor enfin, est appelé par eux un jour *nefaste*. Ils font très-bien comprendre que sans le retour complet du système de Robespierre, il ne pourrait exister de république, et cet axiome est parfaitement exact (1). Ils prouvent aussi complètement qu'un trône sans noblesse étant une anomalie, la monarchie était détruite par la Constitution de 1791, sous Louis XVI, roi légitime ; qu'*à fortiori*, une monarchie est plus que ridicule aujourd'hui sous Philippe, roi élu, qui ne soutient ni l'institution ni le personnel d'une noblesse, laquelle sommeille dans les articles 1 et 62 de la Charte.

Ces opinions des journaux républicains et mille autres dans ce sens sont amères, mais elles ont une précieuse qualité, elles sont sans déguisement et sans arrière pensée, ce qui annonce de la force et de la bonne foi ; ainsi parle la république. Pourquoi la légitimité n'a-t-elle pas des accens aussi positifs dans ses opinions ? D'où vient que le bien est plus timide que le mal ? En combattant ce que je crois d'erroné dans les opinions légitimistes, en proclamant ce que beaucoup d'eux pensent et ce qu'ils croient ne pas devoir dire, j'énoncerai franchement mes principes particuliers. Bien des personnes ne se serviront pas de mon verre d'optique, je le sais : l'avenir donnera à eux ou à moi gain de cause ; toujours est-il que répétant ce que j'ai dit en commençant cet avant-propos, je crois, en prenant la plume, remplir un devoir de bon Français.

En politique, on peut ne pas dire tout ce qu'on pense, mais il faut toujours penser ce qu'on dit.

---

(1) Certes, parmi les jeunes républicains d'aujourd'hui, il en est beaucoup qui frémissent des horreurs de 93, et voudraient une république pure de tout excès..... Ainsi qu'eux, et avant eux, beaucoup de Français, dans *la terreur*, payèrent de leurs têtes un rêve impossible à réaliser ; mais du moins ces derniers n'avaient pas le passé pour guide de l'avenir.

CHAPITRE PREMIER.

DE L'ORGUEIL.

Le mal profond, cancéreux qui ronge la société politique, dont les ravages s'étendent en Europe, mais dont le principe est en France, c'est l'*Orgueil.* C'est lui qui dirige tout; par lui tout est confondu, âge, rang, distinction : l'orgueil est l'ennemi de tout ce qui le blesse, et il est blessé de tout ce qui n'est pas lui. Fils de l'égoïsme, sa rage contre tout ce qui est plus favorisé que lui est d'autant plus forte, qu'elle part de plus bas et s'adresse plus haut. Il envie les riches; mais l'homme de noble race, d'un nom illustre, le fatigue bien davantage. Il a l'espoir, par des jeux de bourse ou de roulette, des industries et des banqueroutes, d'improviser une voluptueuse fortune : mais un nom honoré qui marche avec les siècles, dont l'histoire enrichit ses pages, qui rappelle plusieurs générations de services patriotiques dans nos champs de victoire, sous les toges magistrales, dans la carrière diplomatique, ce nom ne peut s'improviser ; cette richesse de souvenirs, c'est le temps qui l'amasse. Impuissant à se la procurer, l'orgueil révolutionnaire essaie de l'anéantir ; mais ce pouvoir de destruction du passé, que Dieu lui-même s'est interdit, lui étant impossible, il détruit alors l'objet matériel qui blesse son orgueil ; il proscrit, il massacre ; les échafauds, les noyades de 93 ne sont autre chose que l'orgueil mis en action.

Mirabeau a dit : « Ce n'est pas la liberté qui a fait la révolution de 89, c'est l'égalité. » Certes, tout sentiment d'orgueil est condamnable ; mais, orgueil pour orgueil, celui des parchemins serait encore plus supportable que celui de l'or. Cependant, l'orgueil des classes inférieures des peuples fut bien moins nuisible au bonheur des nations que ne le fut celui des souverains. Je vais essayer de le démontrer.

CHAPITRE II.

DES SOUVERAINS ET LEUR POLITIQUE.

Sortis des rangs des premiers de la nation, les souverains, placés par leurs égaux sur le trône, abjurèrent bientôt leur reconnaissance ; les souvenirs de leur origine les fatiguèrent, et des égards pour ceux qui les avaient couronnés leur devinrent importuns ; ils travaillèrent sans relâche à détruire la puissance, la considération des corps intermédiaires entre eux et la multitude. Imprudens ! qui détruisaient les digues d'un torrent ; qui, joignant l'ingratitude à l'imprévoyance, considéraient comme gêne l'appui qui les soutenait, comme obstacle à leur autorité sans borne et sans tempérament, la seule barrière qui pouvait empêcher la multitude de sentir immédiatement cette exorbitante puissance, et de vouloir la détruire !

Nobles couronnés! vous oubliâtes trop vite que votre légitimité royale ne fut édifiée, sanctifiée que pour le maintien d'autres légitimités moins éclatantes, mais non moins précieuses que la vôtre. Ennemis de toute gêne, vous avez cru avoir bien meilleur marché des masses du peuple, si éloigné de vos trônes, que de cette noblesse qui les entourait pour les défendre jusqu'en 1789. Depuis six cents ans votre politique anti-nobiliaire ne s'est pas ralentie un moment. Vous avez enfin atteint ce but! La puissance de la noblesse, grâce à vous, fut détruite; *la démocratie coula à pleins bords;* le flot populaire envahit le sanctuaire royal; la noblesse, toujours fidèle à son principe de création, ne put que mourir pour des chefs ingrats, et l'infortuné Louis XVI expia cruellement, le 21 janvier, le coupable système de ses prédécesseurs!

Princes! souverains! vous n'avez jamais su voir que les contrariétés du moment, jamais les dangers de l'avenir. La tour de *Montlhéry* était sans cesse présente à vos yeux; vous voyiez avec joie toutes ces demeures de l'honneur, tous ces glorieux manoirs, ornemens et défense de vos États, tomber en ruines; bien plus, vous défendiez, comme Charles VIII, d'en construire à l'avenir; et cependant vos immenses Versailles, Saint-Germain, Compiègne, Fontainebleau s'élevaient et demeuraient seuls, isolés, en butte, sans intermédiaires gradués, aux regards, à l'orguëil incendiaire des *malandrins* et des *croquans* de toutes les époques. Imprudens! qui ne compreniez pas que chaque pierre détachée de ces vieux manoirs d'honneur et de chevalerie tombait sur vos têtes, et prédisait la ruine future de vos palais ; que le peuple, poussé par vous à se réjouir de la chute de ces chartes monumentales, leur ancien refuge et leur asile protecteur, se ruerait bientôt sur les vôtres ! Hélas ! tout ce qui excitait votre déplorable soif de pouvoir absolu avait seul le droit de vous plaire !

N'avons-nous pas vu ce cardinal de Richelieu, destructeur de la noblesse, par conséquent cause première de la ruine de la monarchie, évoqué par la restauration ? ce nom si fatal à la France, heureusement éteint, ressuscité et remplaçant un nom qui valait beaucoup mieux que le sien ? Sa statue enfin placée sur ce pont, près de la place fatale où périt ce roi victime des suites de son odieux système ?... Qui peut avoir applaudi à de pareilles ovations ? Qui ?... les républicains. Ils ne se trompent pas, eux ; et c'est avec grande justesse que leurs organes, et notamment *la Tribune* du 17 octobre 1833, félicite ce détestable ministre, et l'honore des titres de *grand révolutionnaire,* de *grand conventionnel* et de *précurseur de la république.*

Monarques ! vos énormes armées, qui épuisent vos Etats, finiront par tourner contre vous leurs armes, si vous n'êtes pas sans cesse à leur tête. Que peuvent leurs baïonnettes contre une peste morale ? Vos peuples éclairés, quoi que vous fassiez avec votre police et vos cordons sanitaires, par les fausses mais séduisantes lumières de la propagande révolutionnaire, déborderont de toutes parts contre vos trônes. Vous vous êtes réjouis qu'on leur prêchât l'égalité contre les classes élevées : à votre tour maintenant !

De nobles forêts sont tombées sous vos coups; quelques baliveaux couronnés restent épars : quel moyen de les préserver des orages? Cette inégalité extrême du dernier plébéien jusqu'au monarque, était adoucie par les plans gradués et successifs de rangs sociaux; de sa chaumière le simple villageois, accoutumé à respecter la puissance circonvoisine, n'eût jamais pensé à mesurer la distance de sa paisible demeure au palais de ses rois : maintenant, plus d'intermédiaire, tout est à découvert. Un seul manoir féodal est resté debout; une seule famille est restée, énormément privilégiée : le peuple a mesuré d'abord avec surprise, ensuite avec rage, l'immense différence de sa position d'avec celle de cette unique et exclusive famille. Le 14 juillet 89, et 6 octobre 90, 20 juin et 10 août 92, et juillet 1830, il a franchi cette distance; et désormais cette route est à lui, jusqu'au moment où l'on rétablira les barrières que l'immortel Napoléon avait relevées, et qu'on a détruites depuis.

Souverains qui régnez encore! quel destin vous attend? Régner n'était qu'*une charge publique* pour Louis - le - Gros, *un métier* pour Louis XIV : comment appellerez-vous maintenant votre auguste mission? où est le respect graduel qui vous est dû? l'auréole qui vous environnait, et qui s'augmentait de l'éclat des classes intermédiaires? Chaque jour une artillerie révolutionnaire vomit contre vous une mitraille d'injures et de railleries, et de provocations à la révolte. Vous êtes sans défense, car vous-mêmes avez dépouillé votre institution royale des institutions qui la soutenaient. Comment voulez-vous qu'on vous respecte? vous avez détruit les respects intermédiaires; votre imprudente susceptibilité s'est révoltée de quelques généreuses résistances des classes aristocratiques. Ah! rappelez-vous donc la réponse de l'académicien Arnaut à Napoléon, qui, lui aussi, paraissait blessé de quelque résistance : *Sire, on ne s'appuie que sur ce qui résiste.*

CHAPITRE III.

DES PASSIONS ET DES INTÉRÊTS.

Rien de plus faux que de calculer la conduite des personnes d'après leurs véritables intérêts; c'est d'après leurs passions qu'il faut conjecturer. Par intérêts, je n'entends point parler, on le comprend bien, des richesses, mais bien de ce qui compose les intérêts de l'homme moral en société, son bonheur, le repos de sa conscience. Une position sociale tranquille, une considération méritée dans la classe où il est né, une fortune bien acquise et dont il est satisfait, tout cela paraît bien décoloré, bien fade aujourd'hui : les richesses ne font qu'aiguiser l'orgueil; la considération, c'est le pouvoir. N'avons-nous pas tous vu, en 1789, beaucoup de négocians, de banquiers appeler à grands cris une révolution qui devait bientôt les dévorer? Les parchemins du noble même le plus pauvre troublaient le sommeil du financier dans son palais somptueux; ces parchemins *rongés des rats,* suivant le dicton ordinaire des révolutionnaires; ces parchemins, preuves écrites et héréditaires de nobles services rendus à la patrie, qui étaient aux Français ce qu'étaient les couronnes rostrales, murales ou civiques des Romains; ces parchemins, dis-je, rendaient, malgré les voluptés de la fortune, presque insipides et sans couleur les lettres de change, expéditions de navires ou chargemens de voitures. Les gens d'argent ont cru qu'en excitant le peuple contre les gens à parchemins, ceux-ci assouviraient l'appétit populaire : on sait si le positif des coffres de commerce et de banquiers n'a pas fini bientôt par avoir la préférence, et si les riches comptoirs, les somptueux magasins des marchands ne furent pas un titre plus puissant à l'échafaud de 93 que tous les parchemins *rongés des rats* des *Montmorency* ou des *Rohan.*

Faux calcul, raisonnement absurde de croire mener les hommes par leurs véritables intérêts. Sans puiser à des sources abondantes, mais plus éloignées, mille preuves de cette triste vérité, appuyons-en la démonstration seulement depuis 1830. Quel motif l'histoire assignera-t-elle à cette révolution volcanique dont la lave, toujours coulante, envahira peut-être sans terme l'avenir de nos enfans et de notre patrie?..... En juillet 1830, chacun sait quelle était sa position particulière, quelle sécurité les protégeait toutes. Vous, rentiers, à quel taux était votre rente? Négocians, quelles étaient vos expéditions? Marchands de Paris et des autres grandes villes de

France, quelles commandes receviez-vous? Architectes, maçons, combien de nouvelles constructions
n'entrepreniez-vous pas? Quelle était la valeur des
maisons, des terres, des terrains? en un mot, quels
intérêts matériels n'étaient pas satisfaits?.... Oui....,
oui; mais les passions ne l'étaient pas; et cette fois,
comme toujours, leur voix fut écoutée. Certes, je le
demande, quelle ville plus que Paris devait, en suivant son véritable intérêt, bénir et soutenir de tous
ses moyens la légitimité? Elle lui devait repos, richesses, affluence d'étrangers; les spéculations de
tous genres se succédaient en foule, et y faisaient
circuler d'immenses trésors. A quel prix énorme se
vendait la toise de terrain dans cette ville privilégiée? A quel taux exhorbitant étaient montés tous
les loyers de maisons? Qu'on établisse la balance
des arrestations politiques qui s'y faisaient avant
1830 et de celles qui, depuis trois ans, alimentent
la Conciergerie, Sainte-Pélagie, et dont le trop-
plein s'exporte au Mont-Saint-Michel! Je le répète,
quelle ville était plus riche, plus puissante, plus
heureuse, plus tranquille que Paris en 1830?... Eh
bien! les passions l'ont emporté sur les véritables
intérêts de cette ville si favorisée, Paris a bien mérité encore une fois de la révolution; car elle a préféré à la richesse, au repos de ses habitans, cette ère
sans terme de gêne, de trouble, de malaise qui, depuis trois ans, ne quitte pas son enceinte, et la do-
tera peut-être de quatorze bastilles.

Si les passions ne devaient pas toujours l'emporter
sur les intérêts, comment expliquer la conduite de
Bordeaux? La cité du 12 mars était à juste titre

l'envie des autres grandes villes de France : notre miraculeux Enfant royal, notre futur roi portait son nom ; il avait avec le lait sucé l'amour, l'estime, la reconnaissance pour la ville qui peut-être avait décidé le retour de sa race. On l'élevait dans ces sentimens ; il se disait Bordelais d'affection ; tout enfant de Bordeaux était reçu de lui avec bonheur ; il soupirait après l'instant d'un voyage dans cette cité ; il le répétait sans cesse ; ces sentimens de prédilection grandissaient avec lui. Devenu roi, de quelle bienveillance Bordeaux, son commerce, ses habitans n'eussent-ils pas été l'objet?... Eh bien, à ces intérêts certains, Bordeaux a préféré des passions révolutionnaires ; elle a brisé cette colonne du 12 mars qui la signalait hors de pair ; elle est rentrée dans le rang ordinaire des autres villes de France ; elle n'a rien à prétendre du gouvernement plus que toute autre cité, à moins que le mérite actuel d'avoir sacrifié d'immenses et certains avantages futurs sous le roi Henri V, ne l'acquitte aux yeux du gouvernement des barricades, du crime d'avoir élevé cette colonne du 12 mars 1814!...

Après les masses collectives, viennent les individus.

Ne connaissez-vous pas plusieurs financiers gorgés de richesses, saturés de jouissances, qui ont sacrifié une partie, la totalité même de ces richesses par haine jalouse de ces marquis, de ces comtes, dont le seul grand crime, aux yeux de l'aristocratie financière, était d'avoir hérité d'une considération que toutes les proscriptions de 93 avaient été impuissantes à détruire?

Non! non! jamais le peuple, livré à lui-même ou mal conduit, ne préféra ses véritables intérêts à ses passions : flattez ces dernières, vous lui ferez toujours sacrifier les premiers ; jamais au plus haut point de sa prospérité, jamais le peuple *ne donnera sa démission* de troubles et de révoltes. Cette sotte phrase, répétée par les niais et crue par l'imprévoyance et la paresse, a causé autant de mal à la légitimité que cette autre phrase si habilement exploitée par le premier qui la proféra : *Vive le roi! quand même!*...

CHAPITRE IV.

LA JEUNE FRANCE.

A quel âge est-on jeune France? et à quel âge cesse-t-on de l'être? c'est le point de la question le plus difficile à résoudre. Nous aussi nous fûmes jeune France; l'ancien régime nous était inconnu à nous, gens de cinquante ans aujourd'hui, et déjà deux générations nous ont succédé; ces générations descendent derrière nous la montagne de la vie, comme nous victimes ou complices des erreurs et des crimes des révolutions, sans que ces erreurs et ces crimes servent de boussole aux races qui s'élèvent.

M. de Chateaubriand, dans le bon temps de sa politique, disait des écrivains libéraux qui, parlant aux passions de la jeunesse, les excitaient à la révolte : *Ils ont raison de pervertir ces jeunes gens : des criminels doivent essayer de corrompre leurs juges.* Belle et profonde pensée, aussi éclatante de justesse que forte d'expression.

Fixons donc l'âge d'un jeune France : est-ce à vingt-cinq ans? et plus tard, les facultés affaiblies rendent-elles l'homme incapable de se conduire? Mais dans un an vous aurez vingt-six ans, et celui qui vous succède à vingt-cinq ans vous appliquera votre raisonnement de l'année dernière. S'il vous plaît d'ailleurs de fixer pour votre compte le savoir, le raisonnement et même l'expérience, voilà de plus *jeunes France* que vous qui vous regardent déjà comme des radoteurs, et qui réclament pour l'âge de vingt ans tous les priviléges de la capacité. Mais par cela même que vous proscrivez ce qui était avant vous, et que vous vous proclamez tous Lycurgues, Solons et Numas du dix-neuvième siècle, vous devriez vous attendre à voir s'élever successivement derrière vous, à votre exemple et à la file, une série toujours renaissante de *Numas, Lycurgues* et *Solons,* aujourd'hui au collége, peut-être suspendus au sein de leur nourrice, qui à vingt ans souriront de pitié en voyant vos œuvres, lèveront les épaules en parcourant vos ouvrages *immortels* et vos institutions *éternelles,* et vous appelant *rêveurs, ganaches......,* que sais-je? changeront tout et lègueront aussi des ouvrages *immortels* à l'avenir, que les générations successives s'empresseront de détruire à leur tour...

Jeunes France, avez-vous lu le supplice des filles de *Danaüs?* Votre système de progrès est pour le bonheur de la France ce fatal tonneau toujours rempli et toujours vide.

Je comprends très-bien qu'un *jeune France* révolutionnaire, qui se croit une notabilité individuelle exclusivement propre à remplir toutes les places, s'étonne de trouver un homme de quarante ans qui sache lire et écrire : la France régénérée date pour eux de 1830; mais ce qui est triste, c'est de voir beaucoup de jeunes gens légitimistes partager cette opinion : ils voudraient tout commander sans avoir su obéir. Hélas! derrière cette présomption, se tient caché le moteur de l'époque, *l'Orgueil*. On voudrait déposséder des fruits d'une longue carriere tous ceux qui l'ont parcourue péniblement et avec honneur, pour pouvoir arriver du premier élan à toutes les places, honneurs et dignités.

Ce n'est point en avant qu'il faudrait regarder, jeunes gens, c'est en arrière; et vous qui, selon l'expression de M. Hugo, *ne pouvez prendre demain à l'Eternel,* qui ne savez pas si la lave du Vésuve ne brisera pas ce verre de Falerne que vous portez à votre bouche, comment voulez-vous dominer l'avenir? Vous méprisez ce livre toujours ouvert de sagesse et de conseils, *le Passé!* Vous voulez créer, et vous pensez que six mille ans d'expérience ne vous fourniront pas assez de matériaux! Vous serez pères un jour, et vous n'écoutez point les traditions de vos pères! Que pouvez-vous attendre de vos enfans? Ils seront nos vengeurs, et se serviront à leur tour contre vous de vos phrases et de vos principes.

Si les jeunes révolutionnaires de 1833 ne prétendaient pas surpasser encore leur grand prophète Robespierre, je leur rappellerais que ce digne patron ne partageait cependant pas leur mépris pour les générations passées. Une des fêtes de son calendrier républicain, la troisième *Sans-Culottide*, était consacrée à la *vieillesse honorée*. Les amans des républiques grecques et romaines doivent savoir que la présence d'un vieillard faisait lever avec respect les nombreux milliers de spectateurs qui assistaient aux jeux olympiques. Un jeune France se garderait bien d'imiter aujourd'hui cet exemple. Lorsque Pitt ou Fox prononçaient dans la Chambre des communes ces mots : *Our ancestors,* les têtes s'inclinaient avec respect. L'Anglais le plus obscur parle avec enthousiasme de *la vieille Angleterre.*

Par une conséquence naturelle, le jeune France qui ne respecte pas l'homme plus âgé que lui, méprise ses louanges. N'avons-nous pas vu naguère un spectacle que repoussera même la crédulité de nos successeurs, une assemblée nationale daignant féliciter de leur conduite les jeunes élèves de nos écoles publiques, et ces mêmes élèves repoussant avec dédain et en termes peu polis ces félicitations? Quant à moi, je trouve que cette jeune France avait raison, ils étaient conséquens : cette assemblée, depuis les glorieuses journées, était aux pieds de cette jeunesse et confessait l'immense supériorité de l'âge qui s'avance sur l'âge qui s'enfuit; les imberbes professeurs tancèrent vertement leurs vieux élèves : tout était dans l'ordre.

Révolutionnaires de vingt ans! l'inévitable avenir vous instruira de ses rudes leçons. Comptez-y!...

Légitimistes de vingt ans! si vous voulez rétablir la gloire et l'honneur du temps passé, évoquez les souvenirs de vos pères et professez-en les principes.

CHAPITRE V.

OU ÉTAIT, OU EST LE PARTI ROYALISTE?

Je ne suis pas de ceux qui pensent que la seule réponse à la calomnie doit être le silence et le mépris.

Quelque absurde, quelque mensongère que soit cette arme odieuse, lorsqu'elle touche à l'honneur des individus ou des partis, il faut la saisir, il faut la briser dans les mains de ceux qui osent en faire usage ; que le trait empoisonné retourne contre eux et les blesse. Baziles révolutionnaires, ils n'oseront plus se servir d'un charbon qui prendrait feu dans leurs mains criminelles !

Où donc est le parti royaliste ? ont demandé et demandent les révolutionnaires dans leurs discours, leurs caricatures et leurs libelles ; où il était ?... Dans l'immense majorité des Français. Vous-mêmes en

faisiez partie ; nous vous avons vu ivres de légitimité, délirans de royalisme ; tâtez-vous, et osez dénier
ensuite cette vérité ! Vous avez déserté la bannière
révérée de vos aïeux..., en est-elle moins respectable ?... Ah ! vos motifs sont connus : inconstance,
vanité trompée ou blessée, ambition immodérée,
déçue ou mal satisfaite ; et même sans vous, transfuges, le parti, la France royaliste eût toujours triom-
phé de l'enfer révolutionnaire, si les bras de cette
immense majorité n'eussent pas toujours été para-
lysés. Composez une armée de Bayards, de Dugues-
clins, de Lecourbes, Lannes, Neys, etc., mais ne
mettez point de chefs à la tête de tant de braves,
ne leur donnez ni mots d'ordre ni de direction,
punissez les plus ardens, paralysez les forts, récom-
pensez les vantards et gens de flatterie, accueillez
surtout les déserteurs de l'ennemi, et sans regarder
la doublure de leurs habits et le revers de leur co-
carde, imposez-les pour chefs à vos soldats toujours
fidèles, et puis livrez bataille..., vous serez vaincus,
n'est-il pas vrai ? et cependant la bonté de votre
cause n'en ressortirait pas moins tout entière.

Non !... non !... le parti royaliste en France fut
toujours aussi nombreux qu'il est digne d'éloges et
d'admiration ; la seule cause de ses défaites fut l'éloi-
gnement de ses chefs. On assure que d'odieux conseils et d'ombrageuses politiques étrangères s'op-
posèrent toujours aux désirs et aux devoirs de ceux
pour lesquels se versèrent tant de flots de sang généreux ; ils ne purent jamais, dit-on, suivre l'exemple
de leur aïeul Henri IV. Vainement depuis quarante ans, des populations de plusieurs millions

d'âmes combattirent pour leur cause...; jamais ils ne parurent à leur tête (1); je les plains... Ils durent cruellement gémir des obstacles sans doute invincibles qu'on mettait à leurs volontés et à leurs devoirs; mais les triomphes héroïques, l'invincible constance, les sacrifices continuels du parti royaliste pour la cause de la légitimité, n'en sont-ils pas encore plus dignes d'admiration ! *Quels hommes !* disait Bonaparte en parlant des Vendéens, *vingt fois j'ai été tenté d'aller les rejoindre.* Vous admirez, en lisant, le dévouement des Ecossais pour Wallace, Bruce, Macolm, Stuart : ces clans fidèles eussent-ils sacrifié, comme l'a fait vingt fois le parti royaliste en France leur vie, leur fortune pour des chefs absens?... Et lors de vos journées de 1830, si, par des motifs que je respecte, mais que je ne puis approuver, nos princes (un seul !), au lieu de s'éloigner de Paris, était venu montrer son panache blanc au milieu de la garde fidèle, quelque faibles que fussent ses bataillons, vous eussiez vu, révolutionnaires, où était le parti royaliste; c'eût été tout Paris..., moins ce qui ne voudra jamais que le désordre et le malheur de la patrie!... Et parmi vous-mêmes un grand nombre peut-être, vous, leurs ennemis aujourd'hui, parce qu'ils se sont éloignés sans combattre, vous vous fussiez réunis au drapeau de vos ancêtres, offert au peuple par un fils d'Henri IV!

Mais la cause royaliste est franche et quitte des fautes ou des erreurs de ses chefs, elle reste toujours la même....... A eux le blâme, à nous la gloire!......

(1) Le lecteur comprendra facilement qu'il ne peut être ici question de l'héroïne de la Vendée.

Non! jamais la perte de leurs places, de leur fortune, les dangers, l'exil, la proscription, l'ingratitude même, bien plus douloureuse que la persécution, rien n'a rebuté les légitimistes; les uns combattaient quand les autres écrivaient; et le courage des du *Rosoy*, des *Royou*, des *Suleau*, etc., rivalisait avec celui des *Charrette*, *Bonchamp*, *Larochejaquelin*; nous avons vu ces généreux confesseurs de l'évangile légitimiste, braver les marais pestilentiels de *Synamari*, comme aujourd'hui les *Brian*, *Goumi*, *Génoude*, *Fleuri*, *Dentu* et maints autres bravent les cabanons de Sainte-Pélagie, la Conciergerie et le Mont-Saint-Michel. Quand l'histoire jugera, elle fera la part des chefs et des soldats; dans les victoires et les défaites, il y a quelque chose de supérieur au respect que l'on doit à son général, c'est l'honneur individuel; le cœur vaut souvent mieux que la tête... Désormais, une vérité doit toujours être de service auprès des souverains, et leur crier sans cesse : *Garde à vous!* S'il se tire un seul coup de canon pour votre cause, c'est à vous d'y mettre le feu. Les nobles funérailles d'un seul de vous mort à la tête de ses fidèles, eût réhabilité les rois et consolidé les dynasties. Et quel est le monarque qui ait jamais été détrôné par son peuple, lorsque ce peuple voit ce monarque mettre sa couronne sur la pointe de son épée?

A Bovines, Philippe Auguste offre sa couronne fleurdelisée à celui qui croirait mieux défendre que lui-même la patrie menacée...; l'héroïsme donne un nouvel éclat à la légitimité; trente mille voix lui rendent hommage, et trente mille épées françaises défont trente mille lances impériales!

Oui, répétons-le pour la vérité de l'histoire et l'honneur des royalistes légitimistes: sans chef, sans point
de ralliement, ils ont toujours fait en tout temps
ce qu'ils ont dû et ce qu'ils ont pu faire, et ils le
feront toujours. Pour eux les hommes sont peu de
chose, le principe est tout, et ce principe est la patrie et la légitimité; deux mots qui n'en forment
qu'un.

Et n'est-ce pas pitié que de voir l'assurance de
ces orateurs de tribunes et de journaux proclamer
que toute la France pense comme eux, que l'opinion légitimiste n'existe nulle part! etc... La voix
de celui qui signe cet écrit, de MM. Chateaubriand,
d'Arlincourt, Kergorlai, Berryer, et de tant d'autres vieux Français, sont échantillons du contraire...
Viennent les temps futurs, et nous verrons nos rangs
grossis de ceux - là mêmes qui les trouvent si clairs
aujourd'hui... Depuis quarante ans n'est-ce pas toujours la même chose?

CHAPITRE VI.

DES FLATTEURS DU PEUPLE.

QUELQUE chose est encore bien plus vil que les flatteurs des rois, ce sont les flatteurs des peuples.

L'ambition outrée se conçoit, c'est une fièvre d'un cœur trop haut, c'est Phaéton voulant remplacer le soleil, *Ajax* défiant les dieux. *Montmorency*, *Biron*, *Cinq-Mars* furent coupables, on les punit sans les mépriser. De nos jours, d'illustres maréchaux rêvèrent d'imiter *Bernadote*, en Portugal, en Catalogne ; mais descendre des palais dans la rue!... de ses talons rouges faire des bonnets phrigiens!... Certes, c'est un hideux spectacle que présente la populace débordant de toutes parts comme la lave d'un volcan, sans savoir où elle doit aller demander à cris forcenés des têtes qu'elle ne connaît pas et du sang qu'elle ignore, pillant les dépôts publics, gloire de nos cités, et détruisant les monumens qui les embellissent, égorgeant avec rage le lendemain celui qu'elle divinisait la veille, brisant les manufactures qui la font travailler, massacrant le médecin qui consacre sa vie à sauver la sienne, et le prêtre qui se dévoue à ses misères morales et répond à ses blasphêmes par des bénédictions; cette populace qui lèche la main de ceux qui la gouvernent, mais dont la langue est comme celle du tigre : elle lèche jusqu'à ce que le sang vienne, et alors elle dévore; cette populace qui brise la bouche de ceux qui osent lui dire la vérité, et qui a comme les rois son *ultima ratio :* le sien c'est le meurtre, la révolte, le pillage.

Mais du moins ce peuple est grossier, ses besoins sont là, il les consulte; il est impressionnable, parce-qu'il est sans caractère arrêté; il prend toutes les formes, parce qu'il n'en a aucune; c'est un argile qui subit servilement toutes les formes qu'on veut lui imprimer.

Mais ces flatteurs, mais ces jongleurs politiques qui exploitent tour à tour sa crédulité, ses passions, comment les qualifier ? On les a toujours vus souffler le crime et semer les révoltes, les excuser, les exalter même jusqu'au moment où le tigre populaire est enchaîné à leur profit. Lisez les feuilles révolutionnaires du 14 juillet 1789, 5 et 6 octobre 1790, du 10 août et des 2 et 3 septembre 1792, 21 janvier 1793, des trois glorieuses de 1830, 14 et 15 février 1831, et autres époques semblables...; mêmes phrases admiratives, même encens laudatif! Ainsi le peuple est *grand, intègre, juste,* en portant les têtes des *Foulon,* des *Berthier,* des *Launay,* en faisant friser les cheveux sanglans de têtes coupées des gardes-du-corps au 6 octobre, en traînant tout déchiré le beau corps de la princesse de

Lamballe sous les fenêtres de la prison de sa royale amie, en massacrant trois jours de suite les victimes de septembre, en égorgeant les loyaux défenseurs de Louis XVI au 10 août, et pillant les Tuileries pour la première fois. Le peuple fut *beau! grand!* et *juste!* en portant la tête du député Férault devant le président Boissy-d'Anglas, et dans mille occasions semblables. Vos feuilles du temps existent, l'implacable *Moniteur* a enregistré, signées de vos noms, vos phrases laudatives de tant de crimes populaires, de même que vos assertions mensongères sur l'*admirable* réserve du peuple dans ses sublimes vengeances (1). Lisez... lisez; il fallait vous croire ou être voué à la proscription; car je le répète, c'est l'*ultima ratio* du peuple, il est infaillible, lui, quand on lui prouve qu'il a tort, ses excommunications sont, je l'ai déjà dit, le meurtre et le pillage : tel est le résultat des conseils de ses flatteurs.

Ainsi, aux 2 et 3 septembre, les massacreurs se contentèrent d'égorger des prêtres, des vieillards, des enfans et des femmes. *On* leur prit *seulement* la vie, disait-on, le peuple magnanime *respecta leurs effets!...* Mensonge odieux! stupide imposture! mais qu'il fallut croire sous peine de mort. Sous nos yeux, hier, pendant les trois journées de juillet, qui aurait osé dire que ce peuple n'a fait autre chose que de renverser la monarchie de ses aïeux? Que d'encens brûlé en l'honneur de sa *magnanimité*, de sa *réserve!* Qui aurait pu, sans danger

(1) Entre autres dans les *Mémoires de Ferrières*, rédigés par le baron Fain, ancien secrétaire de Napoléon, aujourd'hui secrétaire de Louis-Philippe.

pour sa vie (comme l'ont risqué les rédacteurs de
la Gazette), dire ce qui était, ce que nous avons
vu, ce que l'histoire inscrira? Pillage au Louvre de
la caisse des veuves et des orphelins de l'Ordre de
Saint-Louis; pillage du conseil d'Etat, de son ves-
tiaire, de l'argent et des effets des huissiers et em-
ployés de ce Conseil; pillage des superbes Musées
des Antiques et de Saint-Thomas-d'Aquin; pillage de plusieurs magasins de l'Etat, rue du Cher-
che-Midi et dans d'autres endroits; pillage aux
Tuileries de la caisse des gardes-du-corps, chez M. de
Courbon, ainsi que de ses effets particuliers; pillage
des effets des princes et des princesses, portés en
mascarade par les pillards sur la place du Carrousel
et ailleurs.... Au 14 février 1831, après le saccage
de Saint-Germain-l'Auxerrois et la destruction de
cet archevêché qui avait coûté des millions à la ville
de Paris, plusieurs cents mille francs y furent pillés,
les caisses des missions, celles de différentes œuvres
de piété et de charité, telles que celles du Calvaire.
Plus de trois cent mille francs appartenant à Mgr l'ar-
chevêque aussi pillés, soit à Paris, soit à Conflans;
j'oublie, pendant les glorieuses journées, pillage
de huit mille six cents francs chez le marquis d'Au-
tichamp au Louvre; pillage des effets et de l'argent
des gendarmes dans différentes casernes... Une in-
finité d'autres pillages particuliers dont les victimes
n'osèrent se plaindre, de crainte qu'on ne pillât leur
vie, pillage avéré, matériel, que nous avons vu,
dont il a été enfin question le 18 février 1833 à la
séance de la Chambre des députés, et qui se serait
bientôt étendu aux banques, aux comptoirs et aux

boutiques, si ce peuple *magnanime* en avait eu le temps, s'il n'avait pas été forcé de l'employer à combattre les quatre mille soldats de la garde royale, sacrifiés dans Paris, et si enfin les gardes nationales, effrayées du danger que leurs propriétés et leurs familles couraient, n'eussent opposé la digue de leur intérêt de propriétaire au torrent de pillage qui grossissait à chaque moment!

Certes (et nous devons rendre cette justice à nos ennemis, car avant tout, *la vérité!*), parmi ces vainqueurs de juillet, plusieurs, beaucoup même, gémirent de ces pillages, voulurent les arrêter.... Satisfaits d'avoir renversé le gouvernement de leurs ancêtres, ils avaient horreur de crimes ordinaires qui en étaient les suites inévitables!... Imprudens! qui oubliaient qu'à Dieu seul appartient de dire au peuple mis en mouvement, comme à la mer en furie : *Tu t'arrêteras là!...*

Le peuple! le peuple!!... Ah! oui, je le plains plus que je ne le blâme; il est dans sa nature d'aller comme on le pousse; ce n'est pas le fer qui me frappe qui est coupable, c'est la volonté de celui qui s'en sert. On empoisonne sans cesse sa crédulité, on exalte ses passions, on fausse ses intérêts en les lui montrant toujours lésés; mais ces flatteurs, ces conseils, ces courtisans....., quels misérables! Que de cris : *A la lanterne!... à l'eau!... à la guillotine!...* retentiraient dans les mille voix de ce peuple, s'il pouvait lire au fond de l'âme de ces Brutus, de ces Gracchus, de ces tribuns modernes, de ces flatteurs enfin, tout ce qu'elle renferme d'orgueil, de vanité, d'ambition et de despotisme!

CHAPITRE VII.

« Les démagogues sont la maladie à laquelle doit
avoir attenti... tout médecin d'Etat, tout législateur.
Les plus ardens parlent et agissent, les autres en-
tourent les tribunes, bourdonnent et coupent la
parole à tout le monde ; en sorte que tout se gouverne
par eux. Echansons dépravés, ils versent la liberté
sans mesure à un peuple altéré ; quand il est enivré
une fois, il ne loue et n'honore entre les magistrats
que ceux qui s'abaissent au niveau des particuliers,
et entre les particuliers que ceux qui s'élèvent au
niveau des magistrats. Les enfans s'accoutument à
parler aussi haut que leurs pères, à ne plus les respecter pour être libres. Les pères respectent leurs
fils, les maîtres leurs disciples. Les nouveaux venus
s'égalent aux anciens ; les vieillards s'assimilent aux

jeunes gens pour ne pas paraître ridicules ou des-
potiques. Ce bouleversement s'étend à la famille, à
tout. Pour maintenir le peuple dans leur dépen-
dance et l'attirer aux assemblées, les démaguogues
ne manquent pas de lui promettre la dépouille des
riches. Comme ce ne sont pas les hautes classes qui
ont cherché à innover, on les accuse de conspirer
contre le salut et la liberté du peuple. Ce sont, dit-
on, des oligarques. S'ils le deviennent bon gré mal gré
pour se défendre, à qui la faute? Lepeuple alors,
paur se garder d'eux et de lui-même, se cherche un
chef: voilà la tige des tyrans. Aussi l'effet uniforme
de l'excessive liberté est-il de conduire à l'excessive servitude. »

(Platon, Répub.. liv, vii.)

CHAPITRE VIII.

PRÉTENDUE ALLIANCE

DES LÉGITIMISTES ET DES RÉVOLUTIONNAIRES.

Quand on pourra allier l'eau avec le feu, l'ombre et la lumière, le bruit et le silence, on pourra espérer d'allier les révolutionnaires et les légitimistes.

Et cependant quelques prétendus organes du dernier parti paraissent quelquefois caresser cette chimère, tandis que le parti républicain avoue franchement son imprescriptible haine contre tout ce qui est légitimiste. De notre camp s'élève quelquefois des complimens flatteurs pour le camp ennemi; on reçoit les bordées à mitraille de son artillerie révolutionnaire, on y répond par des jonchées de fleurs: il semble qu'on attend toujours des parlementaires, et que les franches et brutales injures adressées à notre parti, à la foi politique et religieuse de nos pères, sont toutes choses gracieuses et de bon aloi que nous devons payer en retour de pareille monnaie.....

Légitimistes! vous pensez que les deux cents condamnations des journaux révolutionnaires, leurs énormes amendes, ce demi-siècle d'années de prison dont le gouvernement de juillet récompense ces mêmes écrivains qui lui ont frayé le chemin du pouvoir, rapprocheront de vous ces victimes de l'ingratitude... Pitié..., pitié de votre candide simplicité, ils détestent ce qui fut leur ouvrage, mais ils vous détestent bien plus encore. Verra-t-on réunis sous le même drapeau ceux dont le cœur français s'enorgueillit de huit siècles de gloire nationale et ceux qui renient le passé? qui se créent une patrie, d'hier, de quelques jours, de quelques années? Pourront-ils jamais s'entendre, ces patriotes de mille ans, qui liant le passé au présent, sont aussi fiers des batailles de *Voullié*, de *Bovines*, d'*Agnadel*, de *Marignan*, de *Fontenoi* que de celles de *Maringo* ou d'*Austerlitz*, avec ces patriotes improvisés qui ne voient de bravoure et de gloire que dans les trois journées ?...... Quel abîme sans fond séparera toujours ceux qui croient à la religion de Clovis et ceux qui assistent aux sacriléges de M. Chatel, aux niaiseries saint-simoniennes et aux farces des Templiers! Notre langue française à nous, parle de fidélité aux sermens, de biens paternels héréditaires, des dogmes de la légitimité et de la propriété, choses sacrées unies au corps de l'Etat, comme la peau humaine l'est à nos corps matériels. Les jeunes révolutionnaires de 1830 ont changé tous ces principes; et dépassant déjà leurs pères, qui cependant leur ont prêché l'exemple de la comédie de quinze ans sous la restauration, ils nous préparent un Etat social qui ne s'est jamais vu, dont ils ne peuvent même nous dire la théorie, mais qui ne ressemble à rien de ce qui a existé depuis la création. Dieu connaîtra la jalousie! nos jeunes Frances vont créer un nouveau monde moral et politique dont l'Eternel ne s'était jamais douté avant l'an de grâce républicain 1830.

Légitimistes! tout système d'alliance entre eux et nous est donc la plus grande erreur volontaire ou involontaire que vous puissiez commettre. Un orateur de la *Chambre retrouvée* de 1820 (qui depuis...., mais alors...) le disait à la tribune : *On ne fermera jamais l'abîme révolutionnaire avec des mains révolutionnaires.*

Non, point d'alliance possible entre la révolution et la légitimité; l'une détruit toujours, l'autre conserve; l'une est le trouble, l'autre le repos; si la légitimité attaque par la droite ce qu'elle appelle *l'usurpation,* la révolution attaque par la gauche ce qu'elle appelle la *trahison;* pour nous le gouvernement de juillet n'est pas assez légitime; pour eux, il l'est beaucoup trop, et de cette prétendue alliance, nous pouvons dire comme *Zopire* à *Mahomet :*

Connais-tu quelque Dieu qui fasse un tel prodige?

Et cependant, croyez-le bien, légitimistes, malgré leur haine, le juste-milieu est encore plus près de l'appui des révolutionnaires que vous ne pourriez jamais l'être; il ne vous méprise pas, vous; mais il vous hait davantage. Cette monarchie sortie des barricades exhalera toujours une suavité révolutionnaire qui réjouira bien autrement ces hommes de bruit, de trouble et de discorde, que cette antique, noble et religieuse monarchie légitime, lien sacré de la Divinité et des hommes, qui au lieu de se fonder au bruit des temples qui s'écroulaient, des cris de *mort* et de *révolte*, nous est arrivée majestueusement au travers de huit siècles, brillante de gloire, objet d'envie et de respect de tous les peuples, gage universel du bonheur et du repos des nations, et faisait dire au vainqueur *de Rosback* que le seul beau rêve d'un roi était de rêver une seule nuit qu'il était roi de France.

Non, républicains, révolutionnaires, jamais la main d'un légitimiste ne doit toucher la vôtre, tant qu'elle voudra conduire notre patrie dans l'horrible abîme de la démagogie. Mais lorsque votre inexpérience aura été cruellement éclairée une seconde fois dans un demi-siècle, et que, d'après nos tristes prévisions et par suite de vos systèmes, vous aurez appris à vos dépens et aux nôtres, comme l'apprirent les Bailly, les Roland, etc., que vos aïeux en savaient plus que vous; lorsqu'enfin vous invoquerez les vieux principes de vos pères, alors voilà notre main; saisissez-la sans crainte et sans arrière-pensée : alors seulement il n'y aura qu'une nation française comme sous Louis XII, François Ier et Henri IV.

Les républicains proclament sans cesse qu'un jour viendra où naturellement toute la France sera républicaine. *Moi je pense que le jour viendra* où toute la France *redeviendra* légitimiste : l'avenir prononcera.

CHAPITRE IX.

DE L'ARISTOCRATIE.

Milton nous a dépeint en style énergique l'horreur que produit sur les anges des ténèbres le nom de l'Eternel : Milton ne pourrait exprimer celle que produit sur le révolutionnaire le mot *aristocratie*.

Le principe de ces deux antipathies est le même, celui dont j'ai déjà parlé, *l'Orgueil ;* ajoutons *l'Envie*.

Cette haine de l'aristocratie est toute de sentiment ; elle ne supporte pas le raisonnement. On déteste l'aristocratie parce que l'on n'en est pas, et qu'à tort on rougit de sa naissance. Ne pouvant pas se placer d'emblée parmi les statues monumentales qui décorent le temple de l'histoire, on détruit ce temple. Sorti des rangs obscurs de la populace, on impute comme crime à d'autres d'être nés sous le blason des croisades, de Marignan, de Bovines ou de Marengo. Mais alors, révolutionnaires, ce sang qui coule dans ces races de connétables, de chevaliers bannerets ou de compagnons de Napoléon, est trop pur, je le conçois il faut le repousser; il insulterait au vôtre : *talens , mérite ,* voilà ce qui doit parvenir à tout, parce que vous, vous possédez exclusivement mérite et talens, et qu'il suffit d'être plébéien pour en être abondamment pourvu. Etre convaincu d'être descendu d'un des compagnons de Saint-Louis, de Philippe-Auguste ou d'Henri IV, est le synonyme d'incapacité ou d'idiotisme; et cependant républicains ou juste-milieu, n'importe, tendent tous au même but : ils n'aspirent qu'à couvrir un jour leur naissance inconnue de blasons et de livrées, à gouverner ce peuple dont ils ne cessent d'exalter les passions; tous disent comme le gondolier de *Marino Faliero :*

Je veux un peuple aussi, mais je n'en veux plus être.

Cinq ou six mots, ou phrases obligées, répétées à ce peuple crédule par les sycophantes de 93 comme par ceux de 1833,

Chatouillent de leur cœur l'orgueilleuse faiblesse.

Ces fleurs de rhétorique révolutionnaire, nées depuis 1789 dans la boue des ruisseaux de Paris, et arrosées du sang de plus d'un million de Français, ont encore tout leur parfum pour nos sans-culottes de quatrième et cinquième édition.

Un de leurs dictons les plus favoris est de parler tou-

jours *des parchemins rongés des rats* de la noblesse.
Eh quoi! nouveaux Démosthènes des amis du peuple ou des droits de l'homme, vous vous enthousiasmez
pour des ruines gothiques; vous vous vantez de savoir
combien les murailles de Palmyre avaient de stades
de circonférence et le colosse de Rhodes de coudées
de hauteur; vous savez, ditez-vous, combien Lépide
gagna de couronnes murales et les Gracches de couronnes civiques : chacun de vous lit avec intérêt
sur les tombes découvertes des guerriers celtes ou
romains, ou sur les sarcophages égyptiens, les titres,
exploits que ces grands peuples ont voulu éterniser
et laisser en succession aux générations suivantes, et
vous essayez de ridiculiser les grands services des
grandes familles de votre patrie?...

Un vieux débris de statue d'un mérite souvent
douteux est l'objet de votre estime, vous honorez
dans vos Musées ces vieux chapiteaux de colonne,
ces marbres mutilés, ces armes antiques à demi
rongées de rouille, tout cela parle à votre imagination, n'est-il pas vrai, et les fastes modernes de votre patrie ne lui disent rien?...

Vous qui vous êtes passionnés si long-temps
pour les souvenirs de Grèce et de Rome, vous qui
puisez dans les chroniques de la France, des faits
altérés ou faux, pour ternir sa vieille gloire et ses
illustres souvenirs; comment ne sentez-vous plus rien
au fond de vos cœurs qui les fasse palpiter et tres-
saillir aux grands noms et aux admirables annales
de notre patrie? Vous éprouvez du respect pour le
bouclier de *Scipion;* et les seize alérions des *Montmorency,* rappelant seize drapeaux ennemis, con-

quis au prix d'un sang généreux, ne vous causent qu'envie et colère. Ces blasons, ces armoiries qu'est-ce autre chose souvent que le souvenir peint des services illustres? Ces maillets des *Mailly,* ces épées des *Talleyrand,* ces pyramides de *Rampon,* ce cavalier armé de *Ney,* etc., et les parchemins *rongés des rats,* qui expliquent ces illustres emblêmes, que sont-ils enfin que les monumens écrits d'héroïsme, de dévouement, de patriotisme qui ont illustré notre patrie en versant sur elle des torrens de gloire à l'étranger ou à l'intérieur, en même temps que sur les familles qui ont fourni ces nobles exemples?... Vous étiez fiers en 93 d'obtenir des parchemins appelés *cartes des clubs de jacobins, de cordeliers,* certificats du civisme d'alors; les *rats* n'ont pas encore rongé ces *glorieux* parchemins; produisez-les un jour à l'histoire, elle les mettra sûrement en balance avec ceux dont je viens de parler. A la place des fleurs de lis de Childéric, vos cachets portaient le *bonnet rouge* de Marat; c'était aussi des armoiries; gardez-les, mais laissez-nous les nôtres.

Cependant si vous proscrivez les parchemins *rongés des rats* (contrats synallagmatiques entre la patrie et ceux de ses enfans qui l'ont si bien servie, parce qu'ils furent donnés pendant huit siècles d'honneur et de chevalerie, parce qu'ils rappelaient aux enfans les exemples de leurs pères illustrés dans la magistrature ou dans les armes), dites-moi, ferez-vous grâce aux parchemins donnés depuis trente ans par cet homme que vous venez de replacer sur ce haut pavoi des bronzes d'Austerlitz ou d'Iéna ?

il les honorait, lui, les vieux parchemins, puisqu'il eut hâte d'en donner de nouveaux avec la mission de vieillir un jour comme leurs frères aînés : demandez à les voir, messieurs les iconoclastes de parchemins, vous y verrez consacrées les gloires d'*Arcôle*, de *Mondovi*, d'*Hohenlinden*, de *Marengo*, des *Pyramides*, etc...; et nous qui honorons les vieux parchemins *rongés des rats*, nous vouons aussi un profond hommage à ces parchemins nouveaux, et nous demanderons à nos enfans, tout en rappelant ceux d'avant 89, de léguer à leurs descendans une respectueuse estime pour ces Chartes nouvelles d'illustration et de services.

Car toutes se tiennent, toutes sont solidaires.

Républicains, démagogues, voudrez-vous être les *Omar* de cette gloire nationale? voudrez-vous éclairer votre profonde obscurité de cet éclatant incendie? ou bien restreindrez-vous à *quarante* ans les fastes héroïques de la vieille France?... Mais non! elles sont homogènes; je vous défie, avec toutes les noyades, les fusillades, les guillotines possibles, de détruire le souvenir de ce qui a été. Dieu lui-même ne peut détruire le passé, l'enfer serait-il plus puissant que Dieu?...

CHAPITRE X.

SUITE DU MÊME SUJET.

Je l'ai dit, mais je le répète encore, dussent ces éternelles vérités faire rire de pitié ou de colère les *révolutionnaires, croquans, tard venus, malandrins, têtes-rondes* ou *niveleurs* de nos jours, les titres nobiliaires ne sont pas la noblesse. Chevaliers, barons, comtes, marquis, ducs, etc...., qu'est-ce que cela veut dire aujourd'hui? Et cependant, si vous étiez nés, jeunes Frances, en l'an XIV de la république française, une et indivisible, vous eussiez vu quelle foule empressée de vos devanciers républicains se ruaient à la porte du sceau des titres pour obtenir le plus simple de ces titres qu'un grand homme venait de rétablir. Mais puisqu'ils offusquent votre pointilleuse susceptibilité ou excitent le sourire de votre *supériorité individuelle*, effacez-les de nos habitudes et croyez-bien que la noblesse y gagnera plus qu'elle n'y perdra. Rien ne peut effacer les souvenirs. Avez-vous, jeunes Frances, oublié que les titres sont d'une création très-nouvelle? que la plus ancienne noblesse, en même temps la plus illustre, celle des provinces, n'était pas titrée? qu'elle s'en souciait même fort peu, et que si l'usage avait prévalu depuis un siècle de prendre un titre, c'était bon pour Paris, cette immense cité, où le titre ne précédait un nom noble que pour l'annoncer en quelque sorte, le mettre en regard des étrangers qui tous en portent, et non pour le rendre plus respectable; le roi donnait des titres, mais le temps seul faisait des gentils-hommes; en province, le respect, la considération héréditaire entouraient des familles non titrées; et je vous défie d'effacer ce blason moral : la cruelle particule *de* ou *du* qui crispe vos nerfs, effacez-la aussi comme en 93; mais rappelez-vous donc que ces vieilles familles de Français n'en portaient point autrefois et que certes, avec ou sans cette innovation la noblesse française n'en fut et n'en sera pas moins toujours la plus illustre de l'Europe.

Combien il y a plus d'orgueil chez les gens qui se présentent gonflés de leur prétendu mérite et enfans de leurs propres œuvres, que dans les rejetons de noble race qui se prévalent d'une longue suite d'illustres aïeux (1)!

Les premiers rapportent ce mérite, presque tou-

(1) M. Renouard, député, disait le 15 janvier 1834 à la tribune de la Chambre : *Il y a souvent plus d'orgueil à attaquer la noblesse, qu'à la défendre.* » — *Rari nantes*, etc.

jours contesté, à eux seuls; les autres du moins font
la part à la famille; l'orgueil collectif est bien
moins insupportable que l'orgueil individuel, cet orgueil qui fait dire aujourd'hui à une foule de gens
aussi ignorés qu'ignorans, mais bouffis de leur prétendue notabilité individuelle :

En quelqu'état obscur où le ciel m'eût fait naître,
Le monde en ME voyant eût reconnu son maître!

Mais vous-mêmes, gens d'égalité, vous vous enor-
gueillissez d'être Européens, Français; ce sont de
grandes et illustres familles dont vous faites partie
et que vous trouvez supérieures aux autres familles
du globe, et vous trouvez étonnant que d'illustres
fractions de ces grandes familles privilégiées s'hono-
rent d'appartenir à des illustrations particulières,
vous jalousez le nom qu'ils portent? votre véritable
motif mis à nud, est que le vôtre est inconnu.... Eh
bien, illustrez-le! que cette sève sauvage, fécondée
par des faits illustres, produise de généreux rejetons. Le chêne vient du gland, et le Danube, le Nil,
le Saint-Laurent ont des sources faibles et inconnues..
Qui vous repousse? où sont les priviléges exclusifs?
Le simple soldat devient grenadier; il ambitionne ce
rang sans envie, et mérite le bonnet à poil de ses
compagnons d'élite, sans essayer de l'arracher à ceux
qui l'ont déjà mérité.

Plébéiens! devenez nobles. Tout corps, toute ag-
grégation a besoin de recrues; les portes du temple
de l'honneur sont ouvertes à tous; au lieu de jeter
bas ce qui est plus grand que vous, grandissez-vous

vous-mêmes. Nous le répétons à voix aussi haute que la vôtre, il vaut mille fois mieux être le premier nom illustre d'une race obscure, que le premier nom obscur d'une race illustre. Atteignez, surpassez même, pour le bien de la patrie, ces races célèbres, qui en furent le boulevard pendant huit siècles, et nul gentil-homme n'en sera jaloux; nous ferons comme firent les *d'Elbée*, les *Bonchamps*, les *Lescure*, les *Larochejaquelein*. Quel fut leur premier généralissime? un simple conducteur de voiture, et le nom de *Cathelineau* aura à jamais la vénération de tout ce qui mérite le nom de gentil-homme, et sera l'égal de tous.

Et *Stofflet*, et *Cadoudal*, et tant d'autres illustres plébéiens reconnus chefs par cette aristocratie nobiliaire que vous représentez au public crédule, sous des traits aussi hideux que faux dans vos pièces de boulevards, dans vos romans et dans vos chroniques fausses ou altérées!

CHAPITRE XI.

L'ARISTOCRATIE EST UTILE AU PEUPLE.

Un privilége n'est exorbitant que lorsqu'il devient la part de quelques-uns, ou que le reste de la société politique ne peut en avoir d'équivalent : mais lorsque tout le monde peut y prétendre, en quoi peut-on se croire humilié? Ainsi les bouchers de Limoges avaient le privilége de garder les fils de France à leur passage à Limoges, parce que la corporation des bouchers avait envoyé des subsides volontaires à Henri IV. Les charbonniers de Paris avaient la première place aux convois de nos princes, la jouissance des loges du roi dans les spectacles gratis et d'autres priviléges, parce que leur fidélité à la légitimité avait contribué à préserver Paris de l'esclavage anglais : qui de nous peut-être jaloux de ces priviléges particuliers, et de mille autres qui existent pour d'aussi nobles motifs? Essayons d'en mériter pour notre propre compte, et l'Etat et nous y gagnerons.

Principe absolu : il faut payer les services en une monnaie quelconque, de l'argent ou des priviléges. Le premier moyen avilit l'âme en chargeant les peuples; le second moyen est inépuisable, n'augmente pas le budget, et élève l'esprit national : choisissons.

Avec les ressources et les conséquences de l'aristocratie, le peuple paierait donc infiniment moins d'impôts.

Pénétrons dans ses besoins les plus intimes. Voilà un village pauvre, situé dans une région reculée et sur un sol ingrat et stérile; la misère y règne, et l'homme adulte peut à peine y nourrir la vieillesse et l'enfance. Eh bien ! là où vous verrez un presbytère et un château, soyez assurés que les peines de l'âme et du corps y trouveront des adoucissemens certains. Dans tous les châteaux se trouve une petite pharmacie pour les pauvres, dans beaucoup une infirmerie pour les recevoir, dans plusieurs de respectables infirmières pour les soigner. Ennemis des nobles, prenez acte si vous voulez de la concession suivante. Si quelques-uns de ces châtelains ne soulageaient point les pauvres de leurs domaines par religion ou par humanité, ils le faisaient par convenance ou par respect humain, pour ne pas manquer à leur classe, à leur nom : que ce fût ce sentiment ou tout autre, Dieu seul en faisait la différence; mais pour le malheureux secouru, que lui importait ? *Montesquieu* dit que la *cause est indifférente, quand l'effet est le même.*

Demandez au paysan qui veut obtenir un secours pour une catastrophe, à qui il s'adresse? Qu'il aille chez le sous - préfet, chez le préfet, *les fonds de secours du budget sont épuisés, les centimes facultatifs sont insuffisans,* etc..... Que ce paysan tombe malade, qui payera le médecin et fournira les remèdes? Si le fils unique du vieillard est appelé au service et demande de rester l'appui de son vieux père, qui intercédera pour lui? Toujours, toujours ceux qui de pères en fils ont contracté le devoir si doux, si patriarcal d'être les patrons, les anges tutélaires de ces familles, qui s'élèvent héréditairement autour du manoir protecteur comme les plantes sous l'ormeau, véritables clans d'Ecosse, tribus de l'Idumée, dont le dernier des membres se regardait comme enfant d'une même famille.

Oui, ce tableau que les jeunes Solons de nos écoles regarderont comme idéal, n'est que la vérité la plus exacte : telles étaient les relations d'autrefois entre les paysans et leurs seigneurs; telles sont aussi celles qui existent entre les paysans et les manoirs que la révolution a bien voulu laisser encore debout. Féodalité volontaire! suzeraineté de famille! reliques précieuses dont les corps ont été détruits, mais dont la conservation rare et disséminée donne la santé et le bonheur à ceux qui s'en approchent et vivent dans leur voisinage!

CHAPITRE XII.

CONTINUATION DU MÊME SUJET.

FORTUNAS.

Le maréchal Lefèvre commandait à Dantzick ; une armée immense de Russes enveloppait la place ; toutefois des camps retranchés en défendaient encore les approches ; un point des plus importans était seul tout l'objet des attaques ennemies; une vigilance extrême y était nécessaire, comme aussi le courage des plus braves de l'armée.

Une nuit, des traîtres, des transfuges avaient donné le mot d'ordre. Un détachement russe, commandé par des chefs parlant bien français, s'avance en silence : le soldat Fortunas était en sentinelle avancée ; tout à coup, il est saisi, et vingt-cinq baïonnettes s'appuient sur sa poitrine. *Silence, ou*

tu es mort! Près de là sommeillait le bataillon
français : l'ennemi continue sourdement sa marche;
le camp allait être surpris. Fortunas recueille toutes
ses forces, et nouveau d'Assas, crie : *Aux armes!
France, voilà les Russes!* Il n'est pas encore
frappé, et les chefs ennemis crient en bon français:
Ne tirez pas, nous sommes patrouille française!
Fortunas de nouveau et redoublant de force, s'écrie:
Non! non! ce sont des Russes! et sa voix s'éteint
sous vingt-cinq coups de baïonnette.

Mais les Français ont repris leurs armes, les
Russes sont repoussés et le camp est sauvé.

A l'aurore, on trouve le corps de Fortunas; il
respirait encore; on le soigne, on le sauve.

L'empereur se fit présenter ce héros; il lui donna
les deux signes d'honneur qu'il portait sur sa poitrine, la croix de la Légion et celle de la Couronne
de fer.

Fortunas ne savait que combattre; il ne savait
pas lire, il ne put être officier : l'empereur le fit
sergent, lui donna une dotation, et par un décret
impérial, nomma baron de l'Empire le fils *futur* de
Fortunas. Fortunas n'était pas encore marié.

Mais, en prolongeant dans l'avenir la gloire du
nom de *Fortunas*, il en voulait aussi prolonger la
récompense. Révolutionnaires! niveleurs! voyez-
vous, c'est ce que nous autres appelons *noblesse*.

Fortunas vint à Paris; l'empereur voulut que ce
modèle vivant d'honneur et de bravoure fût offert
aux élèves des Ecoles militaires : il y reçut l'ovation
qu'il méritait si bien.

Alors on n'avait guère le temps de se marier.

Fortunas le *Campeador* n'épousa que les camps, la gloire et les batailles. En Espagne, il réclama l'honneur de monter le premier à un assaut : il y fut tué.

Tout périt avec lui ; mais s'il eût eu un fils, révolutionnaires, ce fils baptisé *baron* avec le sang de son père, n'aurait-il pas eu de droits à vos respects ? Cependant lui aussi n'aurait *eu que la peine de naître :* le parchemin consacrant la gloire de Fortunas n'aurait-il pas, même *rongé des rats,* investi d'honneur et de considération les descendans du héros ? ne les aurait-il pas stimulés à suivre son exemple ?... Votre orgueil peut dire... non..., la patrie reconnaissante dira *oui....* et je pense comme la patrie.

« On trouve naturel, dit Vauvenargues, qu'un traitant souvent enrichi aux dépens du peuple, transmette à ses enfans le fruit de ses rapines, et l'on s'étonnerait de ce qu'un père consacre sa vie entière à transmettre à ses descendans un nom entouré de respect et de considération ?..... »

C'est le plus beau de tous les héritages !

CHAPITRE XIII.

ÉTAT SOMMAIRE DE LA FRANCE

AU 1ᵉʳ JANVIER 1834.

Immense société politique dénuée d'institutions et succombant sous cinquante mille lois, sans lien de classes, de corporation, sans esprit national véritable, où tout est individualité, intérêt personnel et viager, où personne ne pense au lendemain, où l'on coupe l'arbre pour en recueillir le fruit, chaos d'idées métaphysiques, tour de Babel où chacun parle une langue à lui, veut faire secte et se frayer une route de rêveries et scepticisme, parce que tous les principes sont mis en doute et tous les dogmes en question, où l'on prend le creux pour le profond, où chacun se croit offensé d'être placé dans une échelle sociale de fortune et de puissance inférieure à son prétendu mérite, et rêve de révolutions pour réparer cette injustice du sort.

Et comment pourrait-il en être autrement? nous repoussons comme chose niaise, surannée et ridicule, tout ce qui fut de tout temps et chez tous les peuples, objet de respect et d'amour; nous quittons le terrain solide de l'expérience pour nous élancer à ballon perdu dans les nuages de l'avenir et dans les essais de théorie.

La religion chrétienne, cette seule consolation dans nos malheurs présens, cette seule espérance de l'avenir, est presque abandonnée à ses seules forces, qui heureusement ne lui manqueront pas : mais nos saints mystères, nos prêtres sont indignement outragés sur nos théâtres, l'autorité laisse faire... Les livres impies donnés à vil prix, empoisonnent le peuple; les conseils-généraux, épurés depuis 1830, refusent des secours au clergé des départemens. Si le siècle marche dans ce sens, bientôt les fidèles seuls satisferont aux frais du culte de leurs pères; les sectes nombreuses se multiplient, l'athéisme, l'incrédulité ou l'indifférence jailliront de toutes parts, résultat assuré du prétendu progrès des lumières et de la civilisation moderne, seconde édition augmentée de l'histoire du Bas-Empire.

Toutefois cette consolante religion règne encore sur une grande quantité de Français; au milieu de tant de catastrophes, de folies humaines, de vanités trompées, sa voix sublime apprend à ceux qui veulent l'écouter, la fragilité de tout ce qui est dans le temps; grâce à l'instruction, c'est aujourd'hui le peuple qui est esprit fort; nous en convenons, avant la révolution, les classes supérieures, engouées de philosophisme, avaient donné en partie de funestes exemples ; éclairées par leurs malheurs, elles peuvent dire comme *Gusman* dans *Alzire :*

« Le bonheur m'aveugla, la mort m'a détrompé,
« Et je rends grâce à Dieu, dont le bras m'a frappé. »

L'incrédulité et l'impiété sont descendues dans les rues ; on trouve parmi les maçons, les cordonniers et les chiffonniers des esprits forts qui laissent bien loin derrière eux les *d'Holbach*, les *Diderot* et les *Voltaire*. Celui-ci, pour son usage particulier, voulait au moins inventer un Dieu, *les athées aux mains calleuses, aux bras nus* s'en passent à merveille. Honneur aux femmes! dans toutes les classes leur sexe doux, timide et tendre, aime et suit en grande majorité une religion qui s'aide de leur pudeur naturelle, leur offre les plus glorieuses et les plus grandes récompenses dans l'autre vie, et seule dans l'univers leur donne dans celle-ci des avantages que toutes les autres religions leur refusent. Ah! sans l'influence douce, presque cachée, mais continuelle des femmes dans les ménages obscurs, tous les liens sociaux étant brisés ou relâchés, l'action des classes les unes sur les autres étant détruite, la solidarité morale des syndicats, des corporations n'existant plus, les hommes du peuple, *aux larges poitrines dans lesquelles battent un cœur d'homme*, ces héros de pavés et de barricades, livrés à leurs passions, ne pourraient être contenus qu'à force de gendarmes et d'arrêts de la Cour d'assises, et bientôt même ces barrières insuffisantes étant brisées, on les verrait se ruer sur les boutiques, monter aux comptoirs des banquiers, et se venger par le meurtre et le pillage, de l'inégale distribution des biens d'ici-bas, inégalité qui dans le fait ne s'explique parfaitement que par le dédommagement certain que la parole de Dieu donnera aux pauvres et aux infortunés qui comprennent leurs misères temporelles et devinent leur éternelle récompense.

Un symbole païen, une déesse de théâtre a remplacé sur le faîte de Sainte-Geneviève la croix de Clovis!... on substitue à ce nom de repentir et d'espérance, *la Magdeleine*, ce fastueux nom du temple de la Gloire, comme si la Gloire n'avait pas son temple partout en France!...

Lisez le tome 16 de la *Revue de Paris*, 1833; vous y verrez ce qui suit :

Dans les cent-jours, Napoléon, pendant son court séjour à Paris, se fit rendre compte de tous les détails d'administration. MM. les architectes Percier et Fontaine lui présentèrent l'état des travaux des bâtimens publics.

A l'article de la *Magdeleine* il devint pensif, et dit: *Que ferons-nous du temple de la Gloire? Nos grandes idées sur cela sont bien changées! il n'y a plus aujourd'hui de culte possible que le culte catholique. C'est aux prêtres qu'il faut donner désormais nos temples à garder; ils s'entendent mieux que nous à faire des cérémonies et à conserver un culte. Que le temple de la Gloire soit désormais une église, c'est le moyen d'ache-*

ver ce monument; et, ajouta-t-il, *il faudra bien par la suite dire la messe au Panthéon....*

Esprits forts de 1830, je crains, pour la mémoire de Napoléon, que vous ne classiez le héros parmi les jésuites!

Le gouvernement de juillet, anomalie avec l'esprit du siècle *qui marche,* fait tous ses efforts pour rassembler les débris de l'ancienne monarchie et les utiliser à son profit; ces œuvres journalières me paraissent des tours de force. En effet, fonder une nouvelle légitimité avec le principe électif; l'obéissance avec les souvenirs si récens de révolte et d'insurrection; être obligé de célébrer par des fêtes, des ovations toutes les insultes faites au pouvoir légitime depuis quarante ans; offrir sans cesse au peuple comme faits héroïques des exemples d'insurrections, et punir sévèrement les imprudens qui voudraient suivre ces exemples; recevoir avec pompe les héros de la Bastille, et avoir mitraillé le cloître Saint-Merry; se dire né de la volonté du peuple souverain et se faire prêter serment de fidélité par cette puissance souveraine qui l'a créé; former seul une famille exorbitamment privilégiée dans un pays où l'on prétend détester les priviléges; oublier les sermens qu'on a prêtés et prêcher la fidélité aux sermens nouveaux; en peu de traits, voilà le tableau d'une royauté dont l'avenir m'effraierait beaucoup, si je mettais en elle seule le bonheur, la tranquillité et la gloire de ma patrie.

Toutefois, rendons hommage à la vérité : de tous les gouvernemens existans, celui qui gouverne aujourd'hui la France est celui qui se donne le plus

de peine pour écraser le principe révolutionnaire ;
il le déteste d'autant plus qu'il lui doit son exis-
tence. Voyez-vous la peine qu'il prend à se servir
des armes que la révolution a mises dans ses mains
pour étouffer cette révolution, et, ce qui est encore
plus difficile, pour convaincre cette révolution que
c'est pour son plus grand bien qu'on l'étouffe ? Il lui
dit, ainsi que le disaient au malheureux don Carlos
les émissaires de son père Philippe II : *Pazienza !
pazienza signor, es por tu bien che te esgolian.*

Ce drapeau tricolore, aimé de la victoire, mais
souvent signal de révolutions européennes, nous
l'enverrons déployé au secours des souverains qui
redoutent l'insurrection de leurs sujets ; nous le dé-
monétiserons aux yeux de toute insurrection future ;
nous dirons aux souverains étrangers : « Vous avez
pu voir avec quelque peine la branche aînée des
Bourbons chassée de son trône légitime, nous le
concevons ; mais nos aînés ne comprenaient pas le
siècle actuel : passez-nous la forme en faveur du
fond. Votre intérêt est le nôtre, nos maximes sont
identiques ; et, devenus pouvoir souverain, nous
sommes royalistes. Seulement, comme pour le peuple les mots sont toujours plus que les choses, nous
emploierons pour notre peuple de juillet d'autres
expressions que celles dont vous vous servez auprès
de vos peuples légitimes. On criera par exemple,
vive l'hérédité ! au lieu de *vive la légitimité !* ce
qui est cependant la même chose, et tout le monde
se croira satisfait. »

Je le répète, je suis loin de blâmer cette politique du gouvernement de juillet ; il veut vivre, et il en

cherche les moyens; ne blâmons pas même ceux qui pourraient nous sembler absurdes, ce sont là précisément ceux qui paraissent souvent les meilleurs pour plaire à la multitude, à cette multitude qui s'ébâhit de voir le drapeau du 14 juillet entre les mains d'Henri IV et de Louis XIV, qui l'exige sur le cercueil du dernier des Condé, qui vomit des imprécations contre le mot *Bourbon*, et qui ne se fatigue pas à penser que Louis-Philippe est aussi Bourbon que Charles X, qui enfin oblige *le roi de son choix* à briser ses nobles armoiries, les fleurs de lis!... A propos de fleurs de lis, écoutez encore, messieurs les lisophages, une petite anecdote du temps du grand empereur:

Napoléon était à Auch, il visitait les superbes vitreaux de la cathédrale. Un rideau en dérobait quelques-uns à ses regards; il soupçonne une flatterie offensante. «Que cachent ces draperies?—Sire, « ce sont... — Achevez. — Ce sont... des fleurs de lis. « —Qu'est-ce à dire? et vous les cachez aux yeux des « Français; les fleurs de lis ont conduit six cents ans « les Français à la victoire, comme mes aigles les y conduisent aujourd'hui: leur souvenir et leur vue sont « glorieux pour les Français. Découvrez-les, je veux « qu'elles reparaissent. » Et les rideaux furent enlevés.

Citoyens révolutionnaires, je vous jure que je ne suis pas dans le secret, mais je vous dis à l'oreille, je vous prédis que Louis-Philippe reprendra ses fleurs de lis, ce dont je le louerai fort, si la révolution qui l'a mis sur le trône, et qui voudrait bien l'en faire descendre, lui en donne le temps.

CHAPITRE XIV.

SUITE DU MÊME SUJET.

L'ORGUEIL a pénétré les masses et les individus, il parle aussi haut dans la rue Mouffetard que dans les salons ministériels ; et ne croyez pas que l'orgueil populaire soit accompagné de plus de délicatesse, de moins d'âpreté de gain qu'autrefois : non, certes, si vous refusez à un portefaix le salaire exorbitant qu'il vous demande, il vous dira des injures ; le porteur d'eau se fera un plaisir quotidien d'entraver la marche des voitures de maître ; de braves ouvriers *aux bras nus, aux mains calleuses, à la large poitrine,* etc., la pipe à la bouche, envahissent les trottoirs de la capitale, en interrompent la communication, et trouvent grande satisfaction à faire descendre dans le ruisseau des personnes qui osent être mieux mises qu'eux ; puis se coalisent pour gagner plus d'argent, et forcer leurs maîtres à les payer trois fois plus cher qu'en 1789. Ne peut-on appliquer aujourd'hui à la populace ces vers de *Brutus* :

Le moindre citoyen, dans sa bassesse extrême,
Ayant chassé ses rois, pense être roi lui-même.

Le paysan, dans beaucoup de localités, suit l'exemple des peuples des villes, mais en sens inverse du progrès des lumières, n'en déplaise à M. D***, et autres statisques moraux : là où les écoles sont moins répandues, là où l'habitant suit les habitudes de ses pères, là il y aura incontestablement moins d'en-fans-trouvés, de procès et de crimes; là se remarque sensiblement de la bonté dans la population, de la déférence pour les classes élevées, du respect pour la religion. Si le village a le rare bonheur de ne pas posséder *un demi-castor,* un esprit fort en reli-gion et en politique, s'il n'y a pas de cafés aux deux queues de billard en sautoir, et surtout s'il est frappé de stérilité de journaux ; si pour tout conseil et pour directeur il possède un curé, et pour tout livre l'Evangile, il pourra s'épargner les frais d'achat du Code civil, et ne craindra pas l'application du Code criminel ; mais des populations pareilles sont rares aujourd'hui, et les mœurs marchent en sens juste-ment contraire à ce qu'on appelle la *civilisation.*

J'ai souri en lisant dernièrement dans la *Revue de Paris* ou dans les *Cent-et-un,* les doléances d'un sous-préfet qui déplore amèrement l'abrutissement d'une ville de Bretagne de plus de quatre mille âmes, qu'il n'a jamais pu décider à salarier dans son sein une école d'enseignement mutuel; on la lui a offerte *gratis,* elle n'en a pas voulu davantage; je voudrais savoir de M. le sous-préfet, si les habitans de cette ville privée d'école, sont moins heureux ou moins moraux que les communes qui en possèdent plusieurs?

En Angleterrre, lord Althorp a fait naguère à la Chambre des communes un rapport qui prouve aussi que les parties les plus éclairées de l'Angleterre sont aussi les plus abondantes en crimes et en délits. Qu'on ne croie pas cependant que je bannisse l'instruction même des dernières classes du peuple; non certes, je n'en condamne que l'abus et le mauvais emploi; les villes ont bien autrement besoin d'écoles que les campagnes; les artisans, les ouvriers doivent bien plutôt savoir lire et écrire que les laboureurs et les journaliers, dont la vie est consacrée aux travaux agricoles.

Les propriétés divisées sont les causes permanentes de misère publique : cela vous paraît paradoxal, écoutez : Chaque individu a la vocation naturelle de devenir propriétaire; dès qu'il a pu se procurer quelques fonds, il achète une petite propriété insuffisante pour lui et sa famille; il emprunte la plupart du temps pour compléter le prix d'achat et satisfaire aux droits énormes du fisc : son petit champ est parfaitement travaillé, il est vrai, mais les années mauvaise arrivent; il faut payer les contributions, les gros intérêts de l'argent emprunté, faire face à tout, les bœufs, les chevaux malades, un fils remplacé à l'armée, un procès avec le voisin, qui est quasi-avocat et sait son Code civil sur le bout du doigt; les huissiers sont mis en campagne, *le petit champ* est vendu au-dessous du prix de vente, et la famille ruinée mendie son pain.

Dans l'état actuel de la France, je pose en fait qu'un propriétaire de vingt mille francs de rente, résidant à la campagne et sachant conduire son affaire, absorberait en peu d'années la moitié des petites propriétés autour de lui; le fisc, par ses droits exorbitans, dévorerait l'autre.

Il est donc du désastreux et coupable intérêt du fisc que les propriétés soient très - divisées : ce sont des fractions toujours mouvantes qui se revendent sans cesse, et dont l'entier capital entre tous les vingt ans dans les coffres de l'Etat.

Avec les grandes propriétés, le peuple des campagnes, en apparence moins aisé, était bien plus assuré de secours, mais le fisc y gagnait beaucoup moins.

CHAPITRE XV.

SUITE DU MÊME SUJET.

LITTÉRATURE.

Quel spectacle nous représente la littérature actuelle ! Corneille, Racine, Crébillon, Voltaire ne
sont plus bons qu'à bourrer les fusils à capsules *des
jeunes-Frances :* à peine si cette proscription générale épargne quelques pages de Molière et de La-
fontaine ; les révolutionnaires de la poésie ressem-
blent aux révolutionnaires politiques : cette poésie
vit d'ossemens et de cadavres, elle torture l'âme pour
l'attendrir, elle nous expose à nu, non les troubles
secrets du cœur et de l'esprit, non ces mystères
délicats dont il est permis de soulever le voile sans
l'enlever tout à fait, mais toutes les infirmités morales et physiques vues au microscope : c'est une

anatomie de douleurs, une minutieuse dissection de crimes et de souffrances. Quant au but moral que veulent atteindre la plupart de ces ouvrages, c'est le scepticisme; le doute, qui n'est que le vague de l'esprit, conduit toutes les plumes; le lecteur est traîné sur une claie d'émotions bizarres, désordonnées; on essaie de troubler sa raison comme le néophyte des mystères d'Eleusis; et puis quand on espère avoir brouillé toutes ses idées, avoir détruit tous ses raisonnemens, on le laisse là tout brisé de fausses émotions, sans lui laisser un fil pour sortir de ce monstrueux labyrinthe moral.

Je le demande, quel plan se proposent la plupart des auteurs, quel résultat veulent-ils obtenir? Style, principes, émotions, tout doit être nouveau, tout leur est bon, pourvu qu'ils fassent effet; ils vous parleront d'un crime horrible, c'est froid et monotone; vous serez contraint de voir l'assassin aiguisant son poignard, le plongeant lentement dans le sein de sa victime; ils vous disent à quelle profondeur le fer a pénétré; vous aurez le calcul des angoisses du malheureux; et les gouttes de sang qui auront coulé, les lentes angoisses de l'agonie seront scrupuleusement détaillées, et pour dénouement, vous aurez le crime récompensé et la vertu punie, le tout exprimé en style énergiquement sauvage, hérissé de néologismes, de mots ressuscités des Dubartas et des Ronsard; chaque substantif suivi d'une foule d'adjectifs synonymes ou dissemblables, n'importe. *Houra* général contre vous de la part de la gent romantique, si ces phrases dures, barbares, rocailleuses, vous paraissent fatigantes et souvent inintelligibles. Etait-ce du style de Montesquieu, la Bruyère, Fénélon, dont il fallait dire presque à chaque phrase, comme on doit le faire aujourd'hui : *Que-ce que cela veut dire en bon français ?*

Certes, il y a beaucoup d'esprit dans les plumes contemporaines, il y a du cœur, du talent, il y aurait à coup sûr du génie ; car tout cela est éternellement élémentaire et indigène en France, et n'y périra pas ; mais le goût, le genre suivent l'esprit du siècle, siècle d'indépendance et de bruit, où chacun dédaigne un frein, une règle, et se croit une supériorité ; où l'on aime mieux se frayer une route nouvelle à travers des ronces et des épines et y traîner le lecteur que de le conduire au milieu de fleurs dont le nom et le parfum pourraient être déjà connus.

Et d'ailleurs, je l'avoue, ce sont moins les auteurs qui ont tort que l'époque : où sont les bons modèles à suivre ? Quelles diverses sociétés peut-on observer ? toutes sont confondues, tout vit pêle-mêle, rien de saillant que l'or, rien de ridicule que la pauvreté ; aussi point de caractères à dessiner, point de mœurs distinctes à peindre ; les passions seules restent à exploiter, parce que leur fougueux langage ne prescrira jamais ; aussi nos auteurs le font-ils avec grand fracas : point de demi-jour, de teintes adoucies ; les crimes les plus horribles et les mieux détaillés coulent à torrens de leur plume ; l'imagination tendre, impressionnable de nos jeunes gens, de nos jeunes femmes est saturée de choses, d'expressions, de situations brûlantes, extrêmes, délirantes ; nourris si jeunes d'alimens d'un goût si haut, si corrosif, tout ce qui est délicat, gracieux, sensible, leur paraît fade et sans couleur ; et quel homme de vingt-cinq ans, quelle femme de vingt, n'aura pas des nausées d'ennui en lisant aujourd'hui *Malvina* et *Adèle de Senanges*, après avoir lu *Han d'Islande, Notre-Dame de Paris, Barnave, Entre onze heures et minuit,* etc...., et maintes nouvelles des *Cent-un,* de *l'Europe littéraire* et de *la Revue de Paris?* qui ne s'endormira à Molière, Collin d'Harleville, Renard, et même à Casimir Delavigne, après avoir vu *Raphaël, Antoni, l'Incendiaire, la Tour de Nesle, le Roi s'amuse,* et l'infâme *Borgia?*

Et le personnel des héros de romans modernes et de théâtre est presque partout le même, et dirigé vers le même but, la haine et le mépris des rangs sociaux : ce sont, en général, de jeunes personnes de haut parage, promises à des gens de leur rang, lesquels sont nécessairement niais, vains, stupides, et ayant pour rivaux toujours heureux, de beaux et jeunes gens d'une naissance bien obscure, bâtards même si on le peut, qui sont tous des anges d'esprit, de délicatesse et de grandeur d'âme ; un roman nouveau vient même, selon moi, d'emporter la palme du genre romantique : son délicieux héros est un échappé des galères.

D'une autre part, l'avidité du gain, cette fièvre continue de la société, tue la littérature ; c'est encore la poule aux œufs d'or. La librairie se plaint de sa position languissante : qu'elle l'attribue à la fureur de politique d'une part, à la soif des nouveautés éphémères, et de l'autre, au prix excessif des ouvrages nouveaux et au charlatanisme d'édition. Qui veut mettre en France 7, 8, 10 francs à un simple in-octavo, dont le sixième des pages est en blanc, dont les chapitres commencent au bas des pages, et dont le total de la pagination, portant le chiffre 300, pourrait tenir dans 50 pages de l'ancienne impression? Aussi, à l'étranger, tire-t-on parti de cette maladroite avidité; on réimprime les ouvrages français, et l'Europe entière enrichit les contrefacteurs de ces ouvrages donnés à moitié prix, aux dépens et en juste punition de nos libraires français.

Une rapacité littéraire réduit au plus étroit servage les jeunes nourrissons des Muses dramatiques; nul ne peut prétendre à produire quelque œuvre nouvelle sur nos théâtres, sans le haut patronage de quelque tout-puissant auteur suzerain, aréopagiste de coulisse, qui daigne, moyennant contribution convenue sur le produit de l'ouvrage, apposer sa signature déjà connue, en tête de l'affiche.

CHAPITRE XVI.

RÉSUMÉ.

Provinces ou départemens privés de liberté publique, impuissans à soigner leurs intérêts spéciaux, absorbés par la dévorante centralisation, centralisation qui fixant à Paris les destinées de la France, et mettant toujours son gouvernement à la merci d'un coup de main, empêchera toujours le bien-être de chaque province de s'y développer selon l'esprit naturel des habitans, la nature des localités du soleil et du ciel qui leur est propre : funeste principe gouvernemental, utile seulement au despotisme que les légitimistes repoussent, ou bien à la république qui réclame hautement la centralisation pour son compte, et avoue ne pouvoir s'en passer.

Environ huit millions de Français frappés d'ilotisme dans leurs droits de citoyens (car je ne pose pas le chiffre habituel de trente deux millions, d'où il faut ôter d'abord seize millions de femmes, et puis les enfans et les prolétaires), et qui sont *taillables et contribuables* à volonté bien plus qu'aux temps féodaux, dans leur fortune et dans leurs personnes, par le moyen des lois que la Chambre ne refuse jamais.

État exorbitant d'impôts, état militaire de paix outre mesure qui nous fatigue presqu'autant que la guerre, et nous présente la gloire de moins; défiance générale de l'Europe envers la France, défiance de la France envers l'Europe; alliance bizarre et contre nature avec l'Angleterre, dont nous paierons cher la liquidation de compte, quand elle viendra à se faire, et qui ne peut s'expliquer que par l'inconcevable politique du vieux ministre anglais lord Grey, qui conduit sa nation sous l'abîme futur des révolutions en affaiblissant l'aristocratie anglaise.

Perte de presque toutes nos colonies, celles qui nous restent, ruinées et prêtes à périr, grâce à notre système colonial, tandis que notre prétendue alliée envahit toutes celles de l'univers. Sans colonies, point de marine, car nulle part nos vaisseaux errans sur les mers, n'auront, en cas de guerre, une seule rade amie pour les recevoir; et sans marine, que deviendront nos produits, notre commerce?..... Faudra-t-il implorer la protection du canon anglais?... Nos gouvernans pensent-ils à cet avenir ruineux mêlé de honte?...

Les révolutionnaires de tous les pays, furieux de la déception dont nous avons usé envers eux en les invitant d'abord à suivre notre exemple de révolte contre la légitimité, puis en les abandonnant à la sévérité de leurs souverains légitimes.

Inconséquence perpétuelle de langage et d'action dans les gouvernans aussi bien que dans les gouvernés ; les uns et les autres, par exemple, reprochant aux Bourbons de la branche aînée (reproche, au surplus, qui serait le même contre la branche d'Orléans) d'être revenus en 1814 *dans les bagages des Cosaques,* tandis que nons avons tous vu et (l'histoire l'écrira) que les alliés, maîtres de Paris, attendirent plusieurs jours la volonté du peuple français, volonté qui se manifesta pour le sang de ses rois, franche, libre, unanime, et malgré l'opinion secrète de plusieurs des vainqueurs ; qu'à *Bordeaux* même, lors de l'entrée des Anglais, lord *Dalousie* arrêtait l'élan unanime de cette grande ville pour ses princes légitimes, en leur montrant l'indécision du congrès de *Châtillon;* inconséquence monstrueuse d'ailleurs, puisque ces mêmes libéraux applaudissent à grand bruit à cette intervention étrangère de toutes ces bandes d'aventuriers belges, français, polonais, allemands, anglais, etc., recrutés en Europe pour aller écraser, au profit de *don Pedro* et de *Maria,* le malheureux Portugal, qui ne veut pas d'une nouvelle Constitution !.....

Hormis l'or, quelle distinction, qu'estime-t-on en France ? Le spirituel et véridique *Montaigne* nous apprend que dans ce maudit temps de priviléges et d'aristocratie, ce qu'il avait le plus long-temps et vivement désiré était le collier de l'ordre du roi; on le *lui bailla,* dit-il, précisément quand trente nominations, faites ensemble, venaient de l'avilir, et qu'on n'en voulait plus. Trente de plus !... En France on l'a *baillé* à près de soixante mille légionnaires !

où en est la Légion-d'Honneur?... Et bien qu'on prodigue cette décoration, tout le monde la demande. C'est qu'avec un habit fashionable, un ruban rouge est de rigueur. Essayez de vous placer sur le pont royal, de midi à une heure, et de trouver douze passans dont un ne soit pas décoré. Grande maladresse de tout gouvernement qui laisse avilir un moyen de récompense et d'émulation aussi honorable qu'économique. J'ai entendu, en 1810, Napoléon répondre à un vieux général de division qui lui demandait la croix : « *Je ne la donne que sur le champ de bataille!* » La réponse était un peu forcée; mais toujours était-il que l'empereur indiquait par-là quel prix il mettait à donner ce signe privilégié.

On est devenu un peu plus facile depuis.

Presque toute la France historique en dehors des places, qui sont la proie des noms les plus ignorés sortis en bouillonnant de la tourmente révolutionnaire, pour être ensuite replongés tour à tour dans le néant de l'oubli. Amour passionné des richesses, égoïsme, individualité, indifférence en religion, indifférence en politique, indifférence sur tout, excepté sur le bien-être matériel, et avec tout cela malaise général, dégoût du présent, crainte et désir d'un avenir bien douteux, bien obscur, bien énigmatique, mais enfin vers lequel on se pousse à tâtons, parce que le présent nous fatigue et ne satisfait personne. Voilà ce qui est, ce qu'on suit, ce qu'on voit, et ce qui prouve que le vaisseau de la France fait fausse route, et que, sorti du port, il trouvera partout tempêtes et enfin naufrages, s'il ne finit par y rentrer-

Un principe unique, exclusif, rendra seul à la France, à l'Espagne, au Portugal et à l'Europe, au monde entier, le repos et le bonheur. Ce principe est le trident de Neptune, s'étendant sur les flots en fureur et les calmant aussitôt; ce principe est ce qui a vaincu le plus grand homme moderne, et non les revers de *Moscou*, d'*Espagne* et de *Waterloo*; ce principe, qui est la seule garantie de la chaumière, de la boutique, du comptoir, du château et des trônes, ce principe est la *légitimité*, que le nouvel alphabet appelle l'*hérédité*, ce qui est la même chose.

« Si j'étais mon petit-fils, disait l'immortel Napoléon après les revers de 1814, et que je fusse acculé au pied des Pyrénées, je serais sûr de rentrer vainqueur dans Paris. »

Où est ma noblesse et mon clergé? répondait avec humeur l'empereur à Troyes, dans les premiers mois de la glorieuse, mais inutile campagne de 1814, à un général qui lui proposait de faire lever le peuple français en masse. Lisez ce fait dans les Mémoires du général *Foy* sur la guerre d'Espagne, t. I, p. 170.

Lui aussi, Napoléon, croyait qu'il n'y avait pas d'Etat solide sans aristocratie, et il savait que le plus violent ennemi des trônes est la démocratie, et que lorsque cette démocratie *coule à pleins bords*, il n'y a pas de trône au monde que ce torrent n'engloutisse!

Il voulait, lui aussi, fonder une nouvelle légitimité; le seul ennemi qu'il a redouté, c'était celle des fils de Saint-Louis.

Après les désordres de *Moscou*, il traversait,

ayant avec lui un de ses plus fidèles compagnons, le duc de ***, ces campagnes, jadis théâtre de sa gloire, alors spectacle de ruines et de désolation !

Rompant un morne silence : « Quels revers ! dit Napoléon ; et si je dois succomber, qui sauvera la France? — Votre fils, sire, le roi de Rome. — Ah!... mais non, il est trop jeune. — Et qui pourrait vous remplacer? — (Après un instant de réflexion) Les Bourbons ont bien des chances!.. — Sire, la génération actuelle ne les connaît pas. — Eh ! qu'est-ce qu'une génération contre de si anciens souvenirs!... »

Je suis certain de ce fait.

Je termine ces réflexions si opposées à l'état de choses actuelles, en répétant encore aux peuples et aux souverains : Fortifiez-vous d'une nombreuse et puissante aristocratie; sans elle, comme le prouvent tant de publicistes (1) et les fastes de toutes les nations, ni gloire durable ni bonheur solide pour la patrie! Que la démocratie tende toujours à s'élever vers cette aristocratie, plutôt que de l'abaisser à son niveau, qu'elle soit son principe fécondant, régénérateur, au lieu d'être, par un stupide et maladroit orgueil, son ennemi et son principe de destruction; que ces nobles indignes du nom de leurs ancêtres retombent dans les rangs les plus obscurs, et que les plébéiens qui illustrent le leur, viennent prendre place au premier rang de la société politique; point de priviléges *exclusifs*, point de portes fermées, mais que le principe moral, seul conservateur de toute société, l'hérédité (ou la légitimité)

______

(1) Benjamin-Constant entre autres.

transmette aux fils la considération, l'illustration acquise par leurs pères hier par celui-ci, aujourd'hui par celui-là, demain par un troisième, etc.

Il est possible de concevoir une société politique sans souverain unique, mais non sans aristocratie; si vous ne l'avez pas de naissance, vous l'aurez d'argent: laquelle des deux vous paraît la plus honorable?

Et qu'on ne me cite pas les Etats-Unis d'Amérique! laissez se mûrir ce colosse enfant, vous verrez ce qu'il deviendra!

Les institutions sont principes conservateurs des sociétés politiques; *les Constitutions,* des principes de troubles, de désordres et de malheurs publics!

Monarchies, republiques! vous n'avez jamais pu, vous ne pourrez jamais exister long-temps sans une puissante et nombreuse aristocratie héréditaire.

Peuples monarchiques, vous ne trouverez jamais de repos, de bien-être que dans le principe sacré de la légitimité!

FIN.

TABLE.

FIN DE LA TABLE.

PARIS. — IMPRIMERIE DE G.-A. DENTU,

RUE D'ERFURTH, N° 1 *bis*.